어머니 아버지 사랑합니다

형설출판사

어머니 아버지 사랑합니다

지은이

고희정, 권혁춘, 김나은, 김동영, 김사름, 김석규
김자연, 김정진, 김정호, 김지은, 김지현, 나영주
문보라, 박미진, 박세리, 박소영, 박진원, 박찬희
서명덕, 신소정, 신예슬, 안원욱, 안현경, 안현주
양재용, 오소이, 윤희영, 이기림, 이다혜, 이자람
이혜민, 전계영, 정연정, 정윤주, 정인원, 정회란
정희정, 조윤주, 천혜진, 최재은, 최지은, 최진욱
한석주, 홍희표

어머니, 아버지 사랑합니다.

'어머니, 아버지 사랑합니다.'의 심볼로 무한한 사랑, 무조건적인 사랑을 의미한다. 사랑이라는 말의 의미에서 각각의 개인이 느끼는 감정은 모두 다르지만 사랑을 시각적으로 전달하는 대표적 시각 언어인 하트의 형태를 사용하였으며, 사랑이라는 하나의 키워드만 가지고 부모님이 주신 무한한 사랑을 표현하는 데 제한적이기 때문에 무한함을 표현하는 대수학 기호 무한대를 절대 빠져나갈 수 없는 뫼비우스의 띠로 나타내었다. 전체적으로는 평면적인 하트를 입체적 공간으로 표현하여 무한한 사랑을 의미하며 가시성, 기억성, 시대성, 조형성에 중점을 두어 디자인하였다.

어머니, 아버지의 사랑,
그 사랑의 깊고 넓은 참 뜻을 찾아서

2013년 1학기 개강이다. 내가 맡고 있는 4학년 1학기에 개설된 시각환경디자인Ⅱ 교과목은 분반이 되어, 2013년 3월 6일(수)과 3월 7일(목)에 4학년으로서 첫 만남의 수업이 시작되었다. 지난 학기에 유니버설디자인에 대한 총체적인 특강을 하고 나서 이론적인 지식보다 실제적 체험이 필요하다고 생각되어 4월 3일(수), 4월 4일(목) 이틀 동안 각각의 분반된 학생들을 인솔하여 미리 예약된 성남고령친화종합체험관에서 오전 10시부터 12시까지는 생애체험을 하고, 점심식사를 하고 나서 오후 1시부터 3시까지는 전시체험을 하였다. 생애체험관은 노화로 인한 고령자의 신체적, 정신적, 사회적 변화와 그에 따른 불편함을 몸소 체험하여 고령자에 대한 사회적 관심을 확산시키고, 고령자와 예비 고령자 간의 이해와 세대통합을 도모하기 위해 마련

된 곳이다. 체험방식은 신체의 상체 및 하체의 근력 및 운동기능을 억압할 수 있는 체험복을 착용하여 신체의 기능이 구속되는 상태를 재현하는 노인유사 체험의 방식으로 진행된다.

전시체험관은 고령친화용품을 직접 보고 만지고 체험함으로써 고령자와 부양가족에게 고령친화 제품의 전시, 체험, 정보 등을 제공하는데, 체험 방식은 전문지도자Instructor의 안내에 따라 일상생활용품, 배설용품, 기거용품, 욕창방지용품, 이동용품, 테크노하우스 등 13가지 기능별, 공간별 고령친화제품영역을 견학하면서 보고 만지고 체험할 수 있도록 구성되어있다.

이러한 두 개의 체험관에서 체험을 한 학생들의 체험담은 실로 놀라울 정도였다. 운전을 하던 중 건널목 신호에 서 있는데 할아버지 한 분이 신호가 끝났는데도 불구하고 지팡이를 짚고 한 발짝씩 천천히 걷고 있기에 혼잣말로 운전대를 툭툭 치면서 "아, 좀 뛰지. 신호 끝난 지가 언젠데…….”라고 얘기했다며 그 분은 뛸 수 없었다는 걸 모르고 혼자 울화가 치밀었던 생각으로 눈물을 흘리던 학생. 이러한 고령친화용품들은 얼마 있지 않으면 바로 부모님께서 사용해야 할 물건이라는 것을 느낀 학생들 제 각각의 소감은 지금까지 느끼지 못했던 다양한 감동어린 얘기들이었다. 이러한 감동을 가슴 속에만 담아두지 말고 사회계몽포스터social enlightenment posters 등으로 활용하면 좋겠다는 생각과 함께 이어령의 책 중에서 '느껴야 움직인다.', '아버지와 손을 잡을 때', '어머니의 발견', '어미 곰처럼', 박범신의 소설 '소금' 등을 함께 읽어가면서 '감동'을 느끼는 포스터에 대한 생각을 하게 되었다.

5월이 되면 누구나 한 번쯤은 생각하게 되는 어버이날. 각자 부모님에 대한 글을 쓰기로 했다. 어색함과 쑥스러움도 함께 하면서 지금까지 지나온 날들을 회상하며 자신만이 경험한 부모님과의 기쁨과 아픔의 날들을 글로 썼다. 이 글을 토대로 뒤돌아 느낄 수 있었던 부모님에 대한 사랑, 지금까지 느끼지 못했던 한껏 성장한 자신의 모습을 보며 반성하는 계기가 되었고, 부모님의 사랑은 세상의 어떤 기다란 자와 어떤 큰 저울이라도 길이와 무게로 잴 수 없음을 분명히 알고 난 후 이 내용을 포스터로 디자인하기에 이르렀다. 온라인으로 전시회 테마theme에 대해 자신들의 의견을 논의하다가 6월 19일 예술관 세미나실에서 모두 모여 강남대학교 제20회 시각디자인전공 졸업작품전 테마를 '어머니, 아버지 사랑합니다.'로 결정하게 되었다. 올 여름 유난히도 무더웠던 시간 속에서 학생들은 교수학습지원센터에서의 글쓰기 교육과 함께 지금까지 진행했던 포스터 디자인과는 다른 부모님에 대한 생각을 포스터로 표현하는 데 매진하였다.

오늘날은 문화의 저변에서부터 그 오랜 층을 탐색하는 과정에서 우러나오는 새로운 문화가 형성되는 것이 아니라, 질서 없이 여기저기서 새로운 문화가 생겨나는 듯하다. 문화의 뿌리로부터 출발하는 새로운 문화 형성이 필요한 이 때, 아주 작은 존재로서 공간을 가지고 있는 그릇과도 같은 이 책을 오늘 여기에 내놓게 되었다. 이 공간 속에는 부모님의 깊고 넓은 참 뜻에 대한 각자의 생각이 글과 포스터로 표현되어 담겨져 있다. 아울러 부끄럽기도 하고 아직은 미숙하지만 마흔여섯 명에게는 많은 사람들이 이 소중한 책을 읽고 느끼며 좀 더 맑은 세상을 만드는 데 기여하기를 간절히 기원하는 마음을 가득 담았다.

함께 작업에 동참했던 학생들과 나는 세상 밖 처음으로 하는 참으로 긴 여행을 한 셈이다. 이제 4년 동안의 학업을 마치고 다시 만날 기약 없이 더 큰 세상으로 떠나는 이들의 긴 여정을 생각하면 가슴이 뭉클해진다. 그러나 매일 TV에서 흘러나오는 시커먼 뉴스 속에서 '너' 와 '내' 가 아닌 '우리'이고, '가족' 안에 내가 있음을 안 우리들에게 더 큰 깨달음이 어디 있을까. 지난 길고 긴 여름날들을 생각하면 발길은 더뎌지겠지만 이제 첫 발을 세상으로 내딛으려 머리띠 같은 거대한 교문을 떠날 때 어머니, 아버지와 어깨동무를 하거나, 어머니를 등에 업고 가거나, 두 손을 꼭 잡고 팔을 흔들며 떠나는 이들의 뒷모습을 난 그저 물끄러미 바라보며 구부러진 팔을 펴지도 못한 채 허리춤에서 손을 흔들고 있겠지.

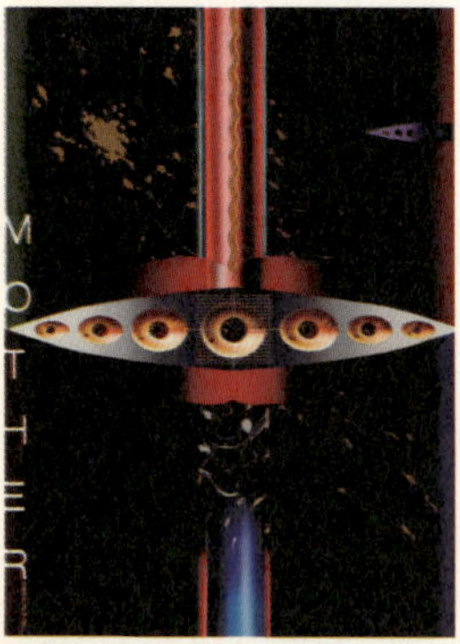

1992년 5월 15일~5월 30일까지 산업디자인포장개발원에서 개최된 상공자원부 주최 제27회 대한민국산업디자인전람회에 추천작가로서 'MOTHER'라는 주제로 출품한 포스터디자인. 최호천 작

그동안 책을 발간하기까지 글쓰기와 포스터를 제작하느라 밤새기를 함께 했던 학생 저자들은 우리가 살고 있는 이 세상에는 휠체어를 타고 다니는 사람, 허리를 굽혀 지팡이를 짚고 다니는 사람, 팔이 없는 사람, 앞이 안 보이는 사람, 임산부, 어린아이 등등 소외된 많은 사람들과 함께 있음을 인식하고 이들과 공생하는 디자이너가 될 것이라 믿는다.

아울러 이들을 지도해 주신 여러 전공 교수님들, 글쓰기 교육을 담당해 주신 교수학습지원센터 교수님들, 책으로 모습을 드러나게 허락해주신 형설출판사 관계자 여러분들께 깊은 감사의 말씀을 드린다.

끝으로 이렇게 든든한 자녀를 둔 부모님들께 큰 박수를 보낸다.

2013년 9월 유니버설디자인센터에서

최호천

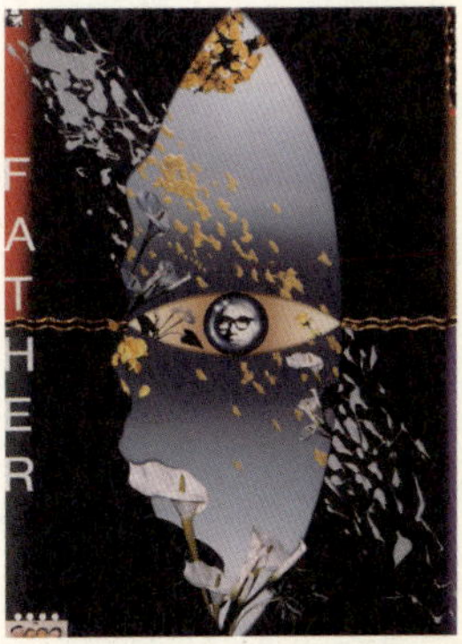

1992년 7월 16일~7월 21일까지 산업디자인포장개발원에서 개최된 대한산업미술가협회 주최 제12회 한일디자인 · 공예교류전에 'FATHER'라는 주제로 출품한 포스터디자인. 최호천 작

차례

우리의 신체는 머리털에서 살갗에 이르기까지
부모에게서 받은 것이니 감히 손상 할 수 없음이
효의 비롯이니라.

-효경-

01

고 희 정

어머니와 반찬

나는 어렸을 때부터 우리 어머니는 원래 뭐든지 잘 드시는 줄 알았다. 가족 모두가 식사를 마치고 자리에서 일어나면, 어머니는 먹다 남은 반찬을 홀로 남아서 모두 드셨기 때문이다. 어린 시절의 나는 밥과 맛있는 반찬, 특히 고기만 골라 먹고 바로 식탁에서 일어났다. 하지만 어머니는 늘 남는 반찬과 나물, 내가 먹고 남긴 반찬들을 드셨다. 당연하게도 어머니는 그런 반찬을 좋아하시는 줄 알았다. 한 살, 두 살 나이를 먹으면서 나는 깨닫게 되었다. 어머니는 원래 그런 반찬을 좋아하는 게 아니었고, 우리를 위해, 우리 가족을 위해 맛있는 반찬은 늘 양보하시고 남은 반찬이 아까워서 다 드신 거였다. 철없을 때 나는, 남은 반찬이 아까워서 더 먹으라는 어머니의 말에 "싫어, 그건 맛없어. 엄마 먹어. 난 안 먹을래."라고 말했던 것이 생각난다. 늘 어머니는 건강에 좋은 음식을 권유했지만, 맛이 없다는 이유로 어머니께 저런 못난 말을 했던 것 같다.

현재 어머니는 소화기관이 좋지 않다. 아마 내가 어렸을 때도 그러셨을 것 같다. 어렸을 적에는 어머니가 매우 엄하셔서 대화를 자주 하지 않아, 어머니의 건강 등에 전혀 관심이 없었다. 하지만 어머니는 지금도 남은 반찬을 남김없이 다 드신다. 그 모습을 보고 짜증이 나서 "배도 부른데 왜 먹어? 그냥 버리세요! 그러다 또 소화 안 된다고 하려고요!" 해도 어머니로부터 오는 말은 늘 한결같았다. "이게 몸에 얼마나 좋은 건데. 너도 이런 반찬들을 다 먹을 줄 알아야 나중에 시집가서도 가족들을 위해 할 수 있는 거야. 시집가서 엄마가 되어 봐. 그래야 엄마 마음을 이해해……. 남은 음식은 버리기가 아까워……." 라고 말씀하시는 어머니를 보면서 너무 죄송스러웠다. 이 모두가 나의 건강을 위해 한 번 더 먹으라고 권했던 것이었다. 하지만 어렸을 때 나는, 어머니의 깊은 뜻을 헤아리지 못하고, 맛이 없다며, 늘 어머니께 짜증을 냈다. 이제와 생각해보니, 생각을 짧게 한 내가 너무 속상하고 죄송스러웠다. 혼자 드시는 모습이 찡해서 나도 어머니와 같이 앉아서 남은 반찬을 먹은 적도 있다. '늘 모두가 나간 식탁에서 어머니는 남은 반찬을 혼자 드셨을까…….'라는 생각이 들어 죄송한 마음이 들면서 언제부터인가 나도 나이를 먹고, 어머니의 마음을 이해하면서 편식도 하지 않고, 모두가 식사를 마칠 때까지 식탁에 앉아있는 버릇이 생겼다. 또 남은 반찬을 혼자 드실 어머니의 모습이 보기 싫어서 같이 앉아서 먹고, 어머니랑 도란도란 대화가 많아졌다. 요즘에도 남은 반찬을 먹으며 어머니랑 이야기를 한다. 옛날에는 늘 엄하게 대하시던 어머니가, 나를 위해, 내가 올바르게 클 수 있도록 그렇게 행동하셨다는 것을 알게 되었다. 아마 모든 어머니들의 마음은 같을 거라고 생각이 된다. 이런 사소한 것에도 희생하는데, 과연 그동안 부모님은 우리를 위해 얼마나 힘써주시고 걱정해 주셨을까……. 자식을 위해 뒤에서 희생하는 모습, 하지만 우리는 그걸 알아채지 못하고 당연한 것이라고 여기고 있는 것이다.

만약 부모님들의 희생이 없었더라면 우리는 지금 맛있는 밥을 먹고, 예쁜 옷을 입고, 편하게 살 수 있었을까? 대학생활의 마지막 학기를 남겨두고 다시 한 번 부모님의 위대한 희생과 사랑을 알게 되었고, 감사함을 느낄 수 있게 되었다. 앞으로 부모님의 바람대로 예의 바르고, 성실한 딸이 되도록 더 큰 노력을 해야겠다.

어머니, 아버지! 사랑하고 고맙습니다.

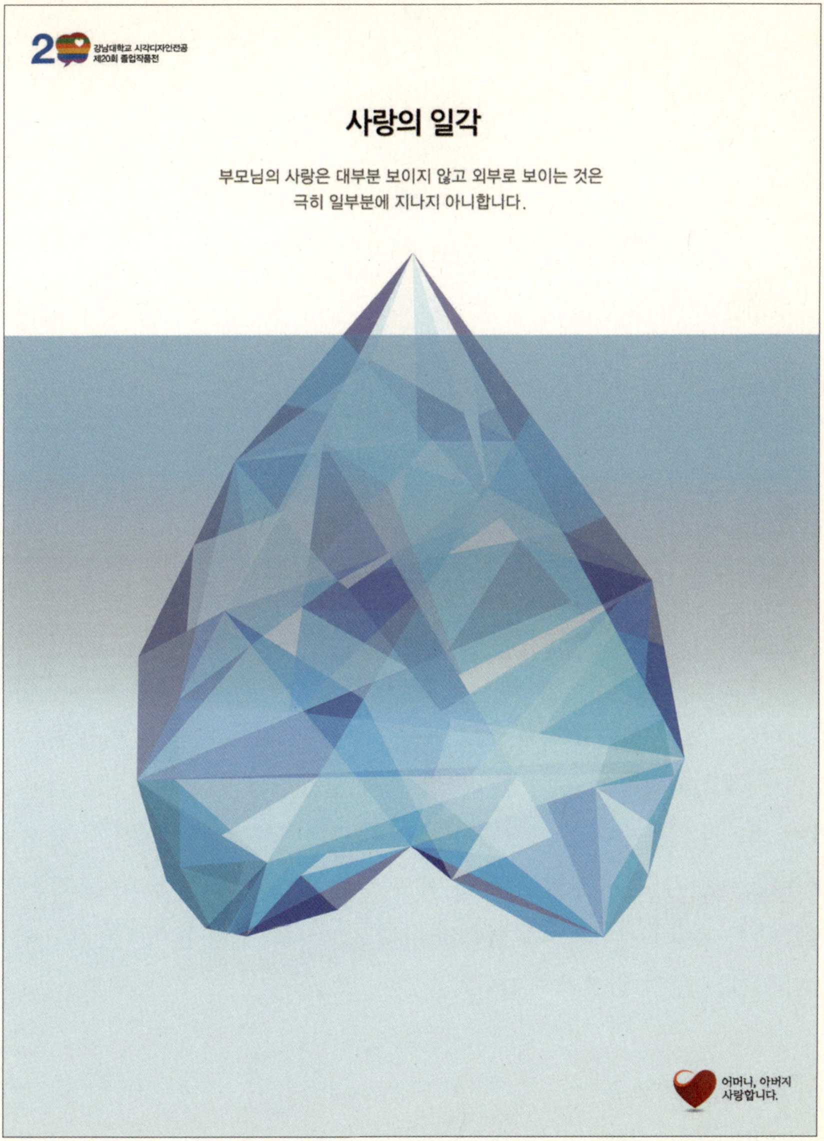

〈사랑의 일각〉, 594mm×841mm, 고희정 작

02

권혁춘

어머니, 아버지께 드립니다

사랑하는 어머니, 아버지께!

대학에 입학하면서 따로 지낸 시간이 어느덧 6년, 군대를 갔다 온 후 스물다섯 살이 된 지금 어머니, 아버지께 한 통의 편지를 보내봅니다. 지금까지 살면서 어머니, 아버지께 편지를 가장 많이 썼던 때가 군대에 있을 때라고 생각됩니다. 그 당시 작은 쪽지로 오던 어머니, 아버지께서 써 주신 편지 한 장이 어찌나 힘이 되던지 말은 안했지만 한 주에 한 통씩 오던 편지를 기다리고 또 받아 보면서 매번 눈물을 흘렸습니다. 지금도 어머니, 아버지께서 그 당시 보내주셨던 편지들을 가끔씩 꺼내 볼 때면 항상 힘내고 밥 잘 챙겨먹으라는 당연한 말씀이지만 거기에 적혀있는 어머니, 아버지의 마음은 아직까지도 힘들었던 그때의 생각에 잠기게 합니다.

입대를 하고 훈련병 시절부터 매번 편지를 써 주시던 어머니, 휴가를 나올 때 마다 아침 일찍 파주까지 차로 태우러 오셨던 아버지! 그때나 지금이나 저의 곁에 있어주신 부모님께 감사하고 사랑한다는 말 밖에는 할 말이 없습니다. 그렇게 지치고 힘들었던 2년이라는 시간이 지나 전역을 하던 날, 편지에만 썼던 사랑한다는 말을 집에 가자마자 해야겠다는 결심은 아직까지도 지키지 못하고 있습니다. 지금 생각해보면 그 당시 멀리 떨어져 힘들게 지내던 군생활 속에서 부모님 생각으로 자신을 위로하며 눈물 흘렸던 그때와 지금은 참 많이 변한 것 같습니다.

군대에서 전역을 한지도 벌써 3년이라는 시간이 지났습니다. 복학을 하면서 학교 뒤에서 자취를 하게 된 후 점점 바빠진다는 핑계로 주말이 되도 집에는 잘 안 가게 되고, 그나마 가끔 전화 한다는 게 어머니, 아버지 건강과 안부를 여쭙는 말은 생략하고 용돈 보내달라는 얘기만 하고 끊는 경우가 대부분인 것 같습니다. 요즘 생각해보면 전역할 때 했던 결심은 마음 속에서 조금씩 사라진 것은 아닌지 하는 생각에 죄송하기도 합니다. 저를 위해 어머니, 아버지께서는 항상 바라봐주시고 힘써주신다는 것을 느낄 때마다 제가 더 힘이 되어드리지 못하는 것이 늘 후회스럽다는 생각뿐입니다. 매일 저의 뒤에서 피땀 흘려가면서 노력하시는 모습을 볼 때마다 조금 더 열심히 그리고 잘하자 라는 말을 속으로는 백 번은 더 되새기지만 밖으로는 표현 못하는 벙어리가 되어버립니다. 이제 대학 4학년의 마지막 학기를 남겨두고 학교생활을 하면서 가끔씩 하는 전화 한 통으로 위안을 삼으시는 부모님을 생각할 때는 제 스스로가 우울해지기도 합니다. 당장은 힘들겠지만 제가 받았던 사랑을 어머니, 아버지께 조금씩이나마 표현하는 자랑스러운 아들이 되도록 노력하겠습니다. 가끔은 너무나 가까이 있어 느끼지 못할 때도 있지만 늘 곁에서 바라봐주시는 것만으로도 더 이상 필요한 것이 없을 만큼 부모님의 소중함이 머리가 커갈수록 더욱 많이 느껴집니다. 고마움을 가슴에 담고 표현하지 못하는 지금이 답답하기도 하지만, 처음 군에 입대했을 때처럼 감사함을 표현하는 아들이 되도록 더 노력하겠습니다. 글이 아닌 말로써 마음으로 전하겠습니다.

언제나 옆에서 힘이 되어 주시고 든든한 버팀목이 되어주셔서 감사합니다.

어머니, 아버지! 고맙습니다. 그리고 사랑합니다.

〈그리고 그 후〉, 594mm×841mm, 권혁춘 작

03

김나은

사랑하는 아버지

어릴 적 아버지는 항상 새벽잠을 줄여 바삐 출근하시고 늦게 퇴근하시는 열정의 젊은 가장이셨는데 세월이 이만큼 흘러 이제는 내가 점점 그 시절 아버지의 나이가 되어가고 있다.

그때의 아버지는 굉장히 큰 어른으로 비춰졌다. 시간이 지나 내가 그때와 비슷한 나이가 되고 보니 자식이라는 존재, 부모가 되었다는 막중한 책임감이 아버지를 더 큰 어른으로 비춰지게 만들었던 것 같다.

그렇게 큰 산 같았던 아버지의 모습이 해가 지날수록 어깨는 전처럼 커 보이지 않고, 검은 머리는 흰머리가 하나 둘씩 늘어가며 전에는 없던 깊은 주름이 보일 때마다 나는 가슴이 먹먹해 진다.

아버지는 내게 듬직한 슈퍼맨 같은 존재이고 항상 건강하실 것 같았는데 그때와 다른 모습에 깜짝깜짝 놀랄 때가 많아진다.

이런 작은 변화들이 처음에는 조금씩 희미하게 보이더니 점차 뚜렷해지면서 더 크게 보이고 있어 새삼 놀랍고 더 늦어지기 전에 잘해야겠다는 생각에 마음이 조급해져 온다.

하지만 나는 지금 어떠한가 생각해 본다.

아버지가 새로 산 스마트폰의 사용이 어려워 내게 사용방법을 물으실 때 나는 다정하게 가르쳐 드렸는지.

“우리 딸, 내일은 뭐하니?” 하는 아버지의 관심에 짜증내지 않고 친절히 말씀 드렸는지.

“점심은 챙겨 먹었니?” 라는 안부문자에 답변 잘 해드렸는지.

〈사랑을 먹고 자랍니다〉, 594mm×841mm, 김나은 작

"세상이 위험하니 일찍 들어와라."라는 걱정스런 연락에 대답은 잘 해드렸는지.

"오늘 하루는 어떻게 보내었니?", "요즘 고민은 없니?", "학교생활은 어떠니?" 이렇게 대화를 바라는 아버지를 보고도 아무런 말없이 내 방으로 들어가지는 않았는지 생각해 본다.

시간이 흐르고 아버지가 곁에 계시지 않는 그런 날이 반드시 올 터인데, 그 시기가 오면 이 소소한 것들을 지키지 못한 것이 내 가슴에 감당하지 못할 응어리가 되어 더 잘 해드릴 걸 하는 생각에 마음이 아플 것 같다.

그래서 나는 다짐한다.

약해진 다리를 지팡이에 의지해 걸으실 날이 오면 혼자 걷게 하지 말아야지.

빠르게 변해가는 세상에 익숙하지 못하고 뒤쳐진다는 생각에 속상해 하지 않으시도록 몇 번이고 반복해서 이야기해 드려야지.

아무리 사는 게 힘들고 바쁘더라도 한 번이라도 더 따뜻한 미소 보여드려야지.

늙고 병들어 짐이 되기 싫어하시는 마음 생기시면 내가 먼저 다가가 한 번 더 안아드려야지.

기억력이 약해져 자꾸 잊어버리시거나 대화가 통하지 않는다고 느끼더라도 내색하지 않고 귀 기울여 듣고 열심히 이야기 나눠야지.

언제 어떻게 변하시든 아버지의 모든 것들을 사랑해야지.

그렇게 오늘도 나는 다짐한다.

04

김 동 영

보지 못했습니다

우리 집엔 스물여섯이라는 나이의 아들을 두기엔 어리고 젊은 부모님이 계시다. 때문에 서먹하기 만한 부모와 자식이 아닌 친구 같은 사이를 유지하고 있다. 그 중에서도 엄마는 나에게 많은 애정표현을 하신다. 동생들이 질투를 할 정도로…….

아마도 어린 나이에 얻은 첫 아이라 그런지 많은 애틋함을 가지고 계신 것 같다. 나 또한 엄마만큼은 아닐지라도 나름의 표현을 해오며 누나 동생처럼 때론 친구처럼 지내왔다.

하지만 사이좋은 모자 사이에 군대로 인한 짧지만은 않은 공백이 찾아 왔다. 아직도 잊지 못하고 있다. 눈물을 글썽거리며 잘 다녀오라고 손을 흔드는 엄마의 모습을…….

그런 엄마를 뒤로 한 채 입소를 했고 군 생활을 시작하게 되었다.

가족과 떨어진 타지 생활이 처음인지라 걱정이 많았지만 많은 동기들과 좋은 선임들 덕에 생각보다 잘 적응해 나가고 있었다. 나름 재미도 있었다.

그러나 마음 한구석에 계속 걸리는 것이 있었다. 입소 후 전해 받은 동생의 편지 내용이었다. 나를 군에 보내고 늘 기운 없이 지낸다는 엄마의 소식이 계속 머리에서 잊혀지지 않았다.

전화를 통해선 잘 지내는 줄로만 알고 있었기에 내가 너무 무신경하지 않았나 싶은 생각이 들었다. 이런 엄마에게 힘을 주고자 휴가 일정을 아버지에게만 알린 채 엄마를 놀래 줄 계획을 잡았다. 일종의 이벤트였다.

오랜 기다림 끝에 손꼽아 기다리던 휴가 날이 다가왔다. 오랜만의 바깥나들이에 들뜬 기분으로 집으로 나섰고, 드디어 집 앞 초인종 앞에 멈춰 섰다. 생각지도 못했던 방문에 깜짝 놀랄 엄마의 표정을 기대하며 초인종을 눌렀다.

얼마 지나지 않아 누군가의 인기척 소리와 함께 문이 열렸다.

순간 나는 멈칫했다. 아니 깜짝 놀랐다.

나를 보며 반갑게 맞이하는 엄마의 이마와 눈가에 여태껏 보지 못했던 주름이 꽤나 낯설게 다가왔기 때문이었다.

내가 엄마를 잘못 기억하고 있었던 걸까?

항상 젊은 모습만으로 기억되던 엄마였기에 나로서는 적잖은 충격을 받은 것이다. 늘 젊을 것만 같았던, 세월의 흐름을 빗겨갈 것만 같았던 엄마의 변화에 낯설음과 애잔함 또한 느꼈다.

어쩌면 엄마의 주름은 진작 자리 잡고 있었는지도 모르겠다.

유년 시절부터 봐오던 어리고 예쁜 엄마, 나는 아직도 10여 년 전 그때의 풋풋했던 모습만을 기억하고 있었던 듯하다. 이런 나 때문에 불편함에도 불구하고 오랫동안 긴 머리를 유지하고, 외모에 신경을 많이 썼을 엄마.

그날 이후로 나는 내 기억 속의 엄마를 놓아 주기로 했다.

내 눈앞에 활짝 미소 지으며 반겨 주시는, 기억에 가려져 여태 보지 못했던 진짜 엄마를 찾았기 때문이다. 그리고 그제야 깨달았다.

엄마의 얼굴에 새겨진 세월의 흔적 또한 엄마의 일부라는 것을, 그 또한 내가 아끼고 사랑해줄 엄마라는 것을.

지금까지 부모님께서 날 믿어주는 만큼 내가 보답을 한 적이 없는 것 같아 항상 미안한 마음이 있었는데, 이제 독립을 해야 될 때가 오는 만큼 책임감 있는 모습을 보여주도록 노력해야겠다.

〈구겨짐의 아름다움〉, 594mm×841mm, 김동영 작 ▶

강남대학교 시각디자인전공
제20회 졸업작품전
당신의 주름은 무엇보다도 아름답습니다
어머니, 아버지
사랑합니다.

05

김 사 름

밥 한 공기의 사랑

쉼 없이 달렸습니다.

짧으면 짧다 볼 수 있는 이십오 년, 길면 길다 볼 수 있는 이십오 년의 삶.

그 이십오 년 동안 당신은 늘 한결같았습니다. 내가 쉼 없이 달리고 있을 때, 옆에서 포기하려고 하거나 힘들어 주저앉을 때. 묵묵히 지켜보고 있었습니다.

더 채찍질하거나, 아니면 포기할 수도 있는 내 모든 면을 끊임없이 지켜만 보고 늘 있던 그 자리에 머물러 주었습니다.

인생에 있어 큰 결정을 할 때에도, 큰 시련이 닥쳤을 때도 늘 항상 같은 모습으로 같은 자리에서…….

사실 힘들었습니다. 지난 날들을, 다 포기하고 싶고 도망가고 싶은 날들도 많았습니다. 그런데 그때마다 다른 건 몰라도 아침밥은 꼭 먹고 가라며, 자신도 피곤한데도 차려주신 아침밥.

그냥 보통의 밥일지 모르지만 따스한 아침밥은 다시 한 번 마음을 붙잡고 달릴 수 있도록 도와주는 발돋움 판 같은 역할을 하였습니다.

아직도 내가 달릴 길은 멀기만 합니다. 사실 어디가 결승점인지 누가 완벽한 우승인지 잘 모르는 상황입니다. 하지만 그때마다 늘 옆에서 따스한 아침밥이 저에겐 큰 격려를 그리고 위로를 줄 거라고 믿고 있습니다.

그런데 요즘 엄마 아빠의 흰머리가 무수히 많아지는 걸 볼 때마다 덜컥 무섭다는 생각이 듭니다.

늘 내 곁에 있으며 묵묵히 지켜봐 주실 것 같은데, 늘 나에게 따스한 아침밥을 해주실 것 같은데…….

'언젠가는 그 아침밥과 항상 있던 그 자리에 계신 분이 내 곁을 떠날 수도 있겠구나.'라는 생각에 최근에 덜컥 겁이 나기 시작했습니다.

마음으로는 늘 기대에 못 미치는 딸이었으니까, 기대에 부흥하도록 기쁘게 해드려야지, 해드려야지 하는데 행동과 머리가 다르게 행동하는 나를 볼 때마다, 내 자신이 정말 밉고 싫을 때가 있었습니다.

왜 그럴까, 이만큼까지 잘 자라온 건 다 부모님 덕인데, 내 곁에서 따스한 울타리 역할을 너무나도 잘 해주신 분들인데, 왜 그럴까 하고…….

앞으로도 쉼 없이 달릴 겁니다.

언제까지 내 곁에 있어줄지 모르는 부모님을 위해, 빠른 시간 안에 부모님에게 큰 기쁨을 드리기 위해, 앞으로도 이렇게 달릴 예정입니다.

다른 건 몰라도 그냥 건강하게 내 곁에 머물러 주시기만 한다면…….

쉼 없이 달려 언젠간 내가 부모님께 따스한 아침밥을 해 줄 수 있는 그런 날이 올 때까지…….

달리겠습니다.

나를 위해, 그리고 내 곁에 항상 있어주실 당신을 위해…….

〈온기 속 부모님의 사랑〉, 594mm×841mm, 김사름 작

06

김 석 규

부모님의 뒷모습

오늘도 역시나 우리 가족의 아침을 깨우는 어머니와 아버지.

매일 아침이 그렇듯 나는 현관문을 나서는 부모님의 뒷모습을 바라본다. 어제도, 오늘도 그렇게 내일도 그리고 앞으로도 쭈욱 보게 될 아버지와 어머니의 뒷모습을 생각하다가 어느 날 한 번은 어머니에게 여쭤보았다.

"와……, 엄마는 아들 키우느라 예쁜 옷 한 벌 사 입지도 못하는데, 아들이 원망스럽지는 않아?"

어머니는 퍽이나 우습다는 표정으로 꼭 같은 멘트를 날리시곤 한다.

"애가 별소리를 다하네, 엄마 옷 걱정할 생각 있음, 그 시간에 네 걱정이나 하세요, 요새 여유 있나봐?"

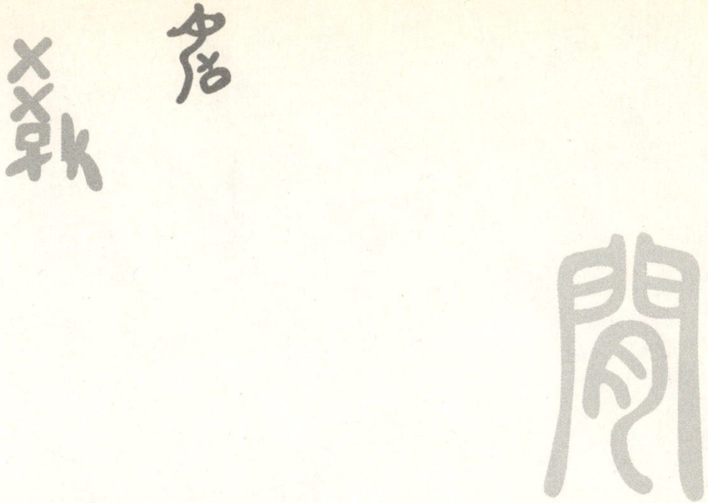

'나름 생각해 드렸더니, 통명스러우시기는…….'

가끔 나는 그런 억척스런 아줌마를 뒤로한 채 가족 앨범을 뒤적거리며 주말을 보내기도 한다. 그곳에는 누렇게 변한 사진, 군데군데 피어오른 곰팡이와 함께 30년 전의 어머니와 아버지가 있다.

긴 머리와 높은 하이힐, 반짝이는 핸드백을 끼고서 고상하게 걸었을 법한 앨범 속의 아름다운 20대의 송 양은 닳아빠진 옷과 삼선슬리퍼를 신고 1+1 행사에 목숨 걸고 뛰어다니는 억척스러운 뽀글머리 아줌마로, 여자 서넛은 어렵지 않게 들었다 놨다 했을 멋진 몸의 장발 카사노바 김 군은 어느새 반질하게 벗겨진 머리와 뱃살이 반쯤 삐져나온 하얀 러닝셔츠 그리고 배바지를 입은 후덕한 아저씨로 변해 있었다.

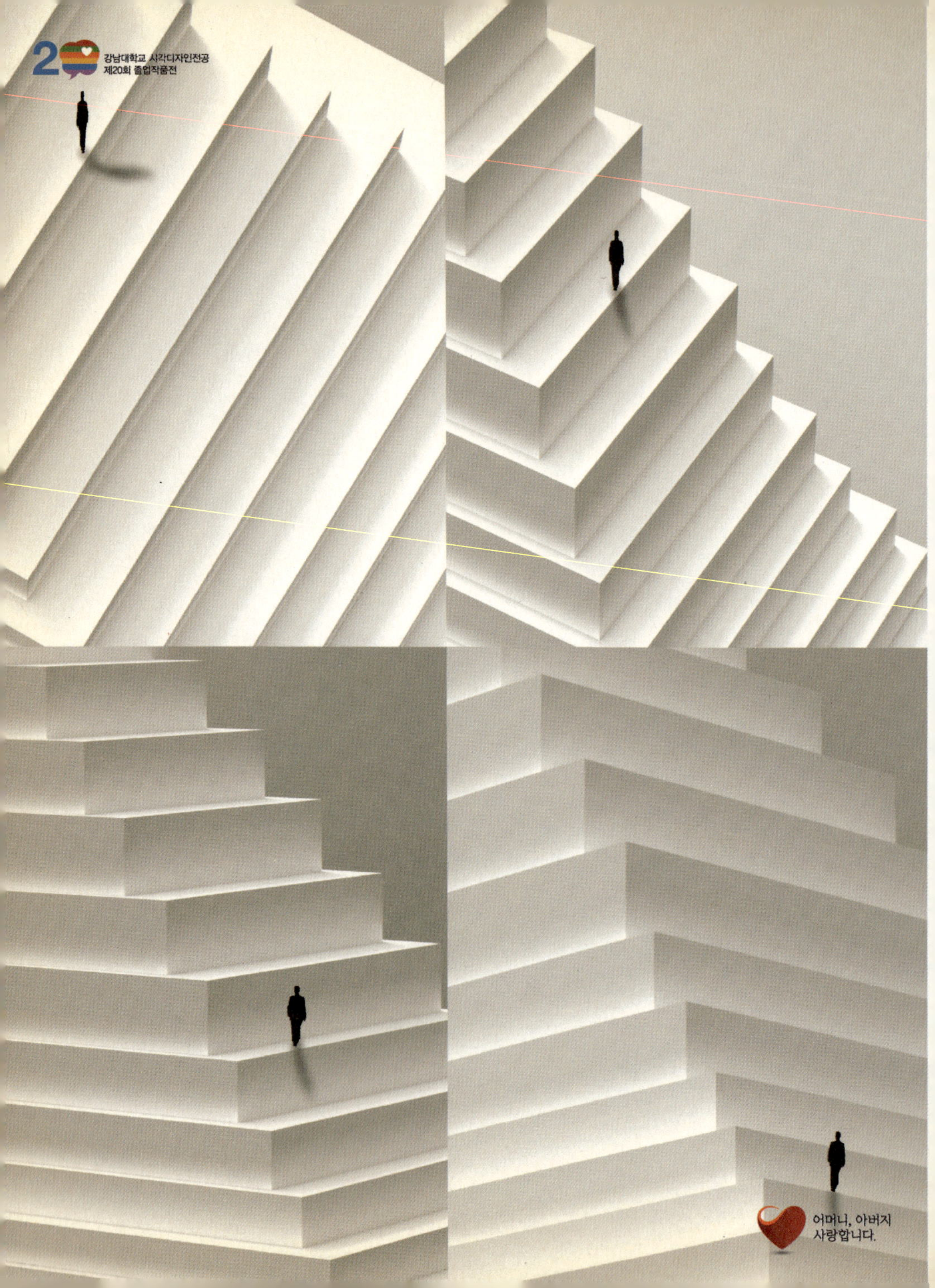
강남대학교 시각디자인전공
제20회 졸업작품전
어머니, 아버지
사랑합니다.

"이야……, 우리 어머니, 아버지 많이 변했네.……, 그치, 형? 그나저나 앨범의 아버지 모습을 안 봤으면 형 머리가 벗겨지는 이유도 모를 뻔했어, 안 그래?"

요즘 한참 M자 탈모로 고민하는 형에게 "앨범의 아버지를 봐봐."라고 놀리다가 형에게 얻어맞기는 하지만 어머니와 아버지의 어릴 적 앨범을 찾아보는 것은 나에게는 꽤나 쏠쏠한 재미다.

하지만 그렇게 앨범을 뒤적거리다 지금의 부모님의 모습을 볼 때면 부모라는 위치가 혹여 당신들에게 너무나 큰 짐은 아니었을지 생각하곤 한다. 또 한편으로는 우리 때문에라도 '힘들다', '외롭다' 라는 말은 일찍부터 버리고 살았을 어머니와 아버지를 생각하면 죄송한 마음뿐이다.

자식들을 키우게 된 뒤부터 여자와 남자로서의 삶보다는 한 가정의 가장과 어머니로서 억척스러운 삶을 택할 수밖에 없는 숙명에 오히려 내가 가슴 아플 때가 많다. 언젠가 내가 부모라는 위치에 섰을 때, 부모님과 꼭 같은 마음으로 살아갈 수 있을지…….

알 수 없는 이 높은 산과 깊은 강과 같은 부모님의 그 뜻을 언제쯤이나 내가 이해할 수 있을까? 지금 나 자신으로서는 부모님의 마음을 이해하기 어려운 부분이 너무 많은 것 같다.

◀ 〈한 없이 오르기만 한 부모님〉, 594mm×841mm, 김석규 작

07

김 자 연

반성문

나에게 있어서 엄마와 아빠는 언제나 항상 내 옆에 있어야 하는 소중한 사람이라는 것을 너무나도 당연하게 생각하고 있었나 보다. 평소에 어려운 사이로 지내는 것도 아니고 정말 친구처럼 편하게 지내온 터라 더 그렇게 생각했는지도 모른다. 그래서 감정표현에 있어서 더 쑥스럽고 부끄러워서 표현을 안 하게 되는 것인지도 모르겠다. 더 늦어지기 전에 내가 표현할 수 있을 때 해야 된다는 것을 알면서도 말이다. 표현해야겠다고 느낀 것도 사실은 얼마 되지 않아서였다.

2년 전 아빠가 손을 다치게 되셨다. 지금은 많이 좋아지셨지만 그때를 생각하면 아직도 아찔하고 마음이 아프다. 추석 때 사고가 나는 바람에 입원을 그 근처로 하셨다. 그래서 집과는 상당히 거리가 있어서 동생과 나는 자주 가지 못하고 엄마가 병원과 집을 왔다 갔다 하며 고생하셨다. 병원에 가지 못했으니까 연락이라도 자주 드렸어야 했는데 이것마저도 나는 망설여 했다. 다행히도 수술이 잘 마무리가 되었지만 사고가 난 후 들었던 생각은 내 옆에 있는 소중한 사람이 내 옆을 떠날 수도, 다칠 수도 있다는 게 참 한 순간이고, 텔레비전에서만 봤던 것이 남의 일이 아니구나라는 생각을 했으면서도 말이다. 이렇게 이 사고로 인해 내가 엄마, 아빠에게 좀 더 다정다감하고 살갑게 대해야 한다는 게 크게 다가왔었는데, 생각을 한 것도 그때 잠시 뿐 표현을 제대로 해본 적도 없고 해볼 생각조차도 하지 못했다. 표현하고 나서 쑥스러워 발버둥을 칠까봐 일부러 안 한다고, 못한다고 생각하고 시도조차 안 하는 것일 수도 있다.

〈클로버〉, 841mm×594mm, 김자연 작

수강했던 수업 중 한 수업에서 조금 있으면 어버이날이니 편지를 쓰면 날짜에 맞춰 각자 집으로 우편을 보내주겠다고 하였다. 편지 쓰는 시간이 주어지고 편지지도 받았는데 쓰다보면 쓸 말이 있을 수도 있겠지만, 아무리 생각해봐도 쓸 말도 없고 집으로 왔을 때 민망해질 생각을 하니 도저히 쓸 수가 없어서 결국에는 나 자신에게 쓰는 편지로 바꾸었다. 생각해보니 어버이날이랍시고 편지를 써본 게 굉장히 오래된 것 같다. 멍석을 깔아줘도 못 쓰는 바보 같은 짓이란 걸 알면서도, 그리고 내가 쓴 편지를 받고 별 내용이 없어도 흐뭇해하실 것 같은 엄마, 아빠를 생각해보고도 쓰지 못했다.

나는 너무나도 잘 알고 있다. 지금 표현하지 않으면 나중에 분명히 후회할 것을. 하지만 마음처럼 잘 표현되지 않는다. 그래도 시간이 지나고 더 후회하지 않도록 최대한 표현할 수 있도록 지금부터라도 조금씩, 조금씩 더 노력해야겠다.

08

김 정 진

나의 복음을 당신의 자리에

그 때의 푸르른 그 기억

나는 오늘도 기억합니다.
당신과 차를 타고 푸르른 녹음을 보러 간 그 날을 말이죠.

약한 더위에 나무 그늘을 찾아, 주저앉아 먹던 사과의 달콤한 향도
햇빛이 녹아든 연푸른 잎사귀의 싱그러움도 당신의 웃음과는 견줄 수 없었습니다.

하늘 높이 곧게 솟은 잣나무의 향연을 밑으로 천천히 걸을 때

당신의 지나온 인생 이야기를 듣노라면 우리는 태초의 작은 무엇이었으며,
잦은 비를 머금은 촉촉한 흙 위를 천천히 걸을 때
당신의 작은 손으로 나의 얼굴에 맺힌 땀을 닦아 주노라면
우리는 지금의 초상화입니다.

들의 작은 꽃에도 눈길을 주는 당신의 얼굴을 가만히 보고 있으니
꽃 보다 강한 농익은 세월의 향기가 나는 듯합니다.
어느새 당신의 자식인 나에게도 당신의 향기를 닮은 이 향을 어렴풋이 느낄
수 있습니다.
이것이 짙어질 때면 나도 당신처럼 세상의 정을 알아갈 테지요.

하늘 높이 작은 그림자를 만들며 날아가는 새의 날갯짓에
문득 나는 나를 마주합니다.
그대여, 세상 밖으로 나갈 나의 어린 날개가 나올는지 등 뒤가 가렵기만 합니다.
당신이 내 바람이 되어주세요.
당신이 인도하는 그곳이 힘들지라도 그 끝은 제 낙원입니다.

갑작스러운 비 내림에 나의 손을 꼭 잡고 뛰어가던 당신의 뒷모습은
여태 보았던 나무들의 울창한 그늘 보다 내게 있어 편안한 안식입니다.
작은 오두막에 우두커니 서서 내게 웃으며 건넨 그 한 마디

비 맞으니 시원하다!

이 한 마디에 당신의 모든 인생이 느껴져 나는 그저 웃을 수밖에요.
잠깐의 손님이 지나간 길을 나란히 걸으며 다정히 부르던 나의 이름에 당신을 느낍니다.

나는 말이죠, 당신과 푸르른 녹음을 보러 함께했던 그 날을 잊을 수 없습니다.

나는 오늘도 기억합니다.
당신과 차를 타고 푸르른 녹음을 보러 간 그 날을 말이죠.

〈진정한 효를 되새긴다〉, 594mm×841mm, 김정진 작 ▶

孝
기다리지 않습니다
風樹之歎(풍수지탄)이란 부모에게 효도를 하려 했으나
이미 돌아가셔서 그 뜻을 이룰 수 없다는 사자성어입니다.
늦지 않게 하는 것이 진정한 孝(효)입니다.

09

김정호

우선 순위

어렸을 때부터 말썽을 많이 부렸던 나였다.

아침에 해가 중천에 떠도 일어나지 않는 나에게 어머니 대신 집안일을 맡아 오신 아버지께서는 어김없이 아침밥을 먹으라며 나를 깨우셨다. 주말이나 방학 때면 늦잠을 자고 싶었던 나는 매번 깨우시는 아버지께 화를 내면서 아침이 시작되곤 했다. 저녁에는 친구들과의 약속으로 밖으로 나갔다가 늦은 시간에 들어와서 그 다음날 아침 또 아버지에게 대들기가 일쑤였다. 이런 생활이 너무 싫었던 나는 집에만 계시던 아버지가 원망스럽기도 했다.

시간이 흘러 입대를 할 무렵 나는 처음으로 아버지의 눈에 고인 눈물을 보았다. 내 마음에는 항상 원망으로 가득 찼던 아버지였는데 태어나서 한 번도 본 적 없던 아버지의 눈물을 보고 입대를 하게 되었다. 그래서 군대에 들어가서는 아버지에게 꾸준히 연락을 하며 안부를 여쭙기도 하고, 가끔 군대생활이 너무 힘들어서 눈물이 날 때는 부모님의 모습이 떠올라 눈물이 멈추지 않은 적도 있었다. 그러면서 나의 예전의 모습을 돌아보았다. 왜 아버지는 나에게 그렇게 잔소리만 하시고 난 항상 아버지에게 대들었을까?

그렇게 2년이라는 시간이 지나고 전역을 하였을 때 '이젠 철이 들었으니 아버지께 대들지 말아야지'라는 생각을 했다. 하지만 그 결심도 얼마 못가고 여러 가지 이유로 또 다시 아버지와 다투게 되었다. 난 철이 들었다고 생각했는데, 무엇이 문제인지 도무지 알 수가 없었다. 이제는 '나는 왜 항상 아버지와 다투는 걸까?' 하는 생각조차도 들지 않았다.

시간이 흘러 나는 대학교 4학년이 되었고 매번 통학을 하며 집에만 가면 싸우던 생활이 지긋지긋하다는 이유로 학교 뒤에서 자취를 시작하였다. 그때 나는 '해방이다'라는 즐거움과 함께 마음 속 어딘가에 허전함을 느꼈다. 나만의 시간이 많아지게 되어서 처음에는 너무 좋았다. 간섭하는 사람도 없었고 내 마음대로 늦잠자고 외박도 하는 생활이 나에게는 새롭기도 하고 너무 행복했다. 하지만 시간이 흐를수록 지저분해지는 내 방과 밤낮이 바뀌어버린 나의 생활을 돌아보니 후회가 가득했다. 그때 문득 머릿속에서 이런 생각이 들었

〈가장 위대한 움직임〉, 841mm×594mm, 김정호 작

다. '이렇게 자취하면서 내 자신을 관리하는 것도 힘들고 이렇게 작은 방 하나 청소하는 것도 너무 귀찮은데 나중에 결혼하고 자식을 낳으면 어떡하지?' 갑자기 항상 집안일을 맡아 하시던 아버지의 얼굴이 떠올랐다.

모든 사람은 그 누구보다도 자기 자신을 매우 사랑할 것이다. 나 또한 그렇지만 자신을 관리하는 것조차도 힘들고 어려운데 부모님은 왜 이렇게 자신보다 자식들을 더 신경 쓰고 계실까? 아직 나는 결혼을 하지 않아서 잘은 모르겠지만 이것만큼은 확실히 알 수 있을 것 같았다. 그 이유는 이 세상의 모든 부모님은 자신보다 자식들을 더 사랑하시기 때문이라는 사실이다. 누구나 다 알고 있는 이유지만 나는 전혀 인식하지 못한 채 살아오고 있었다. 너무 후회스럽고 이제야 그런 마음을 알게 된 내가 원망스럽다.

얼마 전 아버지께서 내게 전화를 했다. 형의 취업으로 너무너무 기분이 좋으셔서 술 한 잔을 하신 목소리였다. 그러면서 이제 우리 둘째 아들 차례라며 아버지께서는 "나는 너희들에게 해준 것이 없으니 나중에 우리 아들들이 잘 컸다고 자식 덕 볼 생각은 없다."라는 말씀을 하셨다. 이렇게까지 클 수 있게 해주신 것이 부모님인데 갑자기 죄송한 마음과 감사한 마음이 교차하였다. 이제 그 사랑에 보답할 수 있는 사람이 되어서 아버지와 같은 아버지가 되고 싶다.

오랜만에 아버지와 어머니께 전화를 했다. 전화를 끊으면서 군대에 있었을 때 처음으로 했던 말을 다시 한 번 꺼냈다. 아버지, 어머니! 사랑합니다.

10

김 지 은

우리 엄마, 아빠

집으로 향하는 버스에 몸을 싣고 노래를 들으며 나는 이런저런 생각에 빠지게 된다. 오늘 밤 드는 생각은 이 모든 것이 참 감사하다는 것이다.

내가 그렇게도 갖고 싶었던 운동화를 신고 거리를 돌아다닐 수 있고 내가 먹고 싶은 음식을 모두 먹을 수 있다는 것이 참 고마울 뿐이다. 어려서부터 잔병이 많아 병원에 입원해 있었던 날이 많았던 내가 지금은 이리도 건강히 성장할 수 있었던 것은 날마다 흘리던 부모님의 뜨거운 눈물과 진실된 기도인 것을 잘 알기에 항상 이 모든 것에 감사하다.

항상 부모님의 사랑 그리고 내가 누리는 이 모든 것들을 당연시 여겨왔었지만, 세상에는 내가 당연하다 여기는 것들을 누리지 못하는 이웃들이 주위에 많이 있다.

가정불화나 경제적 어려움으로 인해 가장 기본적인 행복권조차도 꿈꿀 수 없는 상황 속에서 사는 이웃들을 보며 가슴이 먹먹해짐을 느꼈을 뿐만 아니라 투정과 불평불만으로 가득 채워졌었던 나의 삶이라는 커다란 그릇 속에 행복 그리고 감사함이라는 단어들로 가득 채워 넣을 수 있었다. 늘 집에 일찍 들어오라며 전화하시는 부모님이 싫어 답답하고 짜증냈던 일도 많지만, 어른이 될수록 부모님은 나를 무척 아끼고 사랑하기에 그러신다는 것을 깨닫는다. 가끔은 자립심 강한 친구들을 볼 때면 너무 온실 속의 화초 같은 내 모습이 초라해 보이기도 하지만, 어떻게 보면 부모님의 따뜻하고 아낌없이 주는 그 든든하고 커다란 울타리 안에 있기 때문에 나는 슬프지도 않고 상처받지도 않으며 곱고 밝게 잘 성장한 것 같다.

항상 자기 자식이 건강하길 바라며 눈물로 기도하시는 어머니, 열심히 일해 가족들을 부양하며 가족들을 걱정하시는 아버지 때문에 엄마 아빠 딸 지은이는 너무 행복하고 든든해요. 아직도 많이 부족한 딸이지만 엄마, 아빠가 말씀하셨던 것처럼 항상 밝고 매사에 감사하며 나보다는 남을 먼저 더 생각하는 지은이가 될게요. 감사하고 사랑해요.

〈사랑 찾기〉, 594mm×841mm, 김지은 작 ▶

이제서야 부모님의
큰 사랑이 보입니다

어머니, 아버지
사랑합니다.

11

김 지 현

당신은 비와 같습니다

당신은 비와 같습니다.
험한 세상에
상처받고 메말라 가지 않도록
사랑으로 흠뻑 적셔줍니다.

당신은 비와 같습니다.
어린 새싹이 어여쁘게 자라나라고
토닥토닥 두드려주는 빗방울의 손길은
보드라운 당신의 손길을 닮았습니다.

당신은 비와 같습니다.
따뜻한 사랑으로 맺힌 빗방울은
작은 가슴에 떨어져
세상을 살아가는 방법을
가르쳐 주었습니다.

당신은 비와 같습니다.
당신이 내게 뿌려준 빗방울은
넘치고 넘쳐 큰 강과 바다 같은
마음으로 성장했습니다.

당신은 비와 같습니다.
지치고 힘이 들어 내 안이 말라갈 때
당신은 촉촉하게 나를 적셔줍니다.
하지만 당신은 나의 슬픔과 외로움으로
당신의 마음에 장대같이 아픈
굵은 비를 내립니다.

당신은 비와 같습니다.
그러하기에 비가 오는 날에는
당신이 더욱이 생각이 납니다.
그 무엇으로도 다 표현하지 못할
당신의 사랑
당신의 큰 사랑으로 당신을 생각하면
늘 코끝이 시큰해집니다.

〈부모님의 나침반〉, 594mm×841mm, 김지현 작

12

나 영 주

아가페[agape]

우리나라 격언 중에서 '까마귀도 반포反哺의 효孝가 있고, 비둘기도 예절을 안다.'라는 격언이 있다. 까마귀는 자라서 자신을 길러준 어미에게 먹이를 물어다 먹인다는 효성이 있고 비둘기도 어미와 새끼 간의 엄격한 질서가 있어 예절을 지킨다고 하는데, 하물며 사람은 부모에 대한 은덕을 어찌 잊을 수 있을까 라는 내용이 포함되어 있는 글귀이다. 같은 맥락의 사자성어로는 '반포지효反哺之孝'라 하며 어미에게 되먹이는 까마귀의 효성을 뜻한다. 이 격언과 사자성어를 보며 참 많은 것을 느끼게 된다. 요즘 세상을 살펴보면 자식이 부모에게 해서는 안 될 행동과 언행을 범하는데, 우리는 옛 말을 곱씹으며 머리와 가슴에 새겨야 한다고 생각한다. 동물도 부모와 위아래가 잘 지켜지는데 그렇지 못한 우리 주위를 둘러보면서 잘못된 것은 바로 잡고 자식 된 도리를 다시 생각할 시간을 가져야 한다고 생각한다.

졸업을 앞둔 시점에서 나는 많은 생각이 떠오르게 되는데 그 중 하나가 부모님에 대한 감사의 마음이다. '나' 라는 자신이 단순히 낳아지고 자연스럽게 길러진 것이 아니다. 부모님의 정성이 없었더라면 이 자리에서 부모님께 감사의 글을 올리고 있지 못할 수도 있다고 생각하니 그 마음이 더 깊어져 간다. 이 감사의 마음을 느끼기까지 개인적으로 참 많은 시간이 흘렀다고 생각한다. 하지만 그 동안의 시간이 허비된 것이 아니라 이것을 느끼기 위한 밑거름이라 생각하니 매 순간마다 감사하게 여겨진다.

'과연 나는 지금까지 부모님께서 주신 사랑을 잘 보답하고 있을까?'

이렇게 혼자 되뇌어보니 참 민망하기 그지없다.

뜬금없을 수도 있지만 내가 생각하는 나의 장점 중 하나는 '말을 조리 있게 잘하는 것'이다. 일상에서 말솜씨의 덕을 본 적도 많다. 하지만 이렇게 좋은 쪽으로만 영향을 미치면 좋으련만, 그렇지 못하다. 특히나 부모님께는 말이다. 논리 있게 말하는 것을 좋아하다 보니 말싸움을 했다 하면 지기 싫어서 상대에게 이기려 든다. 더욱이 내가 한심스러운 점은 밖에서는 전혀 그렇지 않는데 집에서만 아주 못되게 바뀌니 가족들만 고통스러운 격이다.

가장 큰 피해자는 나의 어머니. 아버지보다는 더 자주 마주치는 나의 어머니. 항상 "왜 엄마도 못하셨으면서 나한테 그래요?", "아, 저 좀 내버려둬요!"라는 등 가시 같은 말을 무심코 던질 때마다 어머니께서는 언제나 같으신 한마디.

"그래도 엄마니깐……"

여태껏 이해하지 못했다. 아니 이해하려 하지 않았다. 그저 '엄마'라는 이유 하나만으로 내가 하고 싶은 것들을 막으려 할 때면 나 자신만 생각할 줄 알았지 '엄마' 의 마음은 헤아리지 못했다. 지금까지 내가 옳다며 자부했던 것들이 사실이 아닌 것을 알면서도 어머니가 말씀하시는 것들은 모두 나와 상관없는 이야기로 흘려버리고 무시하던 불효녀가 아닌가.

그저 나에게 날아오는 소리는 잔소리라 생각하여 지지 않으려고 부모님께 소리쳤던 것들이 지금에서야 가슴이 아려온다. 지금의 부모님께서는 비수 같은 내 말 하나하나가 가슴에 꽂히셔서 멍이 들다 못해 곪으셨는데도, 날 이렇게 감싸주시니 그 은혜와 사랑이 느껴진다.

사랑.

이 단어를 들으면 단순하게 인식되는 남녀 간의 사랑보다도 더욱 연결고리가 단단한 사랑. 그것은 부모님과 자식 간의 사랑일 것이라고 이제 자부할 수 있다. 내가 기쁠 때나 슬플 때나 한결같이 나를 위하며 감싸주시는 나의 어머니, 아버지 사랑합니다!

〈쉼터〉, 594mm×841mm, 나영주 작

우리가 부모가 됐을 때 비로소 부모가 베푸는 사랑의 고마움이
어떤 것인지 절실히 깨달을 수 있다.

-헨리 워드 비처-

13

문 보 라

母心모심을 모시다

어느덧 내 입에서도 "늙었다."라는 소리가 자주 나온다. 너무도 빨리 커버렸다. 머리와 마음은 성숙하지 못한데 이미 다 자라버린 육신에 두려움이 가득 찬다. 옆에서 한숨 섞인 푸념을 들으신 어머니께서 코웃음을 치시며 말씀하신다.

"네가 늙었으면 나는 뭐니?"

다 컸다는 건방진 마음으로 거울에 자신의 모습만 볼 줄 알았지, '여태껏 잘 걸어오도록 길을 가꿔주신 부모님은 보지 못했구나.'라는 생각에 아차 싶었다. 내 푸념이 당신에게 얼마나 뾰족한 화살이 되어 박혔을까? 죄송한 마음과 창피함에 퉁명스럽게 대답하고는 자리를 피해버렸다. 여태 걸어온 길이 내 발자국으로 옛 것이 되는 동안에 우리 부모님의 현재 또한 빠르게 옛 것이 되어 가고 있었다. 아득히도 멀어져버린 부모님의 젊음과 내 발자국이 너무도 애처롭고 야속하다. 버리려고 버린 젊음이 아니었을 텐데 우리 부모님은 지금의 내 인생에 빗대면 너무도 빨리 청춘을 지고 희생한 것이다. 내가 이렇게 크는 동안 부모님께 해드린 기쁨이라곤 무엇이 있을까? 우리 부모님께서는 언제나 내가 하고 싶은 일을 하라며 믿어주셨다. 초등학생 때는 일본에서 캐릭터 디자이너를 하겠다는 목표를 갖고 일본어 학원을 다녔다. 당시 집 형편에 무리 일 수도 있는 비싼 수강료였음에도 불구하고 어머니는 딸의 꿈을 위해 지원해주셨다. 사실 그 당시의 수강료가 얼마였다는 것도, 그것이 우리 집 형편에 무리가 되었다는 것도, 성인이 된 후에야 어머니와 추억을 회상하다가 듣게 되었다. 10대의 학창시절도 '캐릭터 디자이너'라는 한 가지 꿈을 향해 노력하며 공모전에 나가서 상도 타오는 부모님께 꽤나 믿음직한 딸이었다. 허나 정작 세상을 똑바로 알아가야 할 20대가 되고는 여태 나를 지켜주던 캐릭터 디자이너란 꿈이 현실에 빗대었을 때 내가 남들보다 큰 재능을 가진 것이 아니란 걸 깨닫게 되었다. 한 가지 꿈을 향해 걸었던 자신에 대한 비참함과 허망함에 한동안 길고 긴 무기력함에서 헤어 나오지 못했었다. 이러한 방황으로 대학 생활이 그저 시간표에 이끌려 다니는 영혼 없는 생활이라고 느껴져서

2학년 1학기를 마치고 휴학을 하게 되었다. 휴학기간 중 새로운 흥밋거리에 대해 고민하다가 막연히 소망해왔던 디자인 쇼핑몰을 창업하게 되었다. 직접 만든 액세서리와 내 취향을 담아 골라온 옷들을 판매한 공간이었다. 생각보다 많은 사람들이 찾아주어 굉장히 바쁜 나날을 보냈는데 항상 주말이면 쇼핑몰에 올릴 옷들을 구매하기 위해 아버지께서 직접 운전을 하시고 지방까지 함께 가주셨다. 평일에도 가게 일 때문에 힘드셨을 텐데 부모님께서는 딸의 청춘을 응원하신다며 본인의 체력과 시간은 뒤로 하신 뒤 묵묵히 도와주셨다. 딸은 아빠의 자랑이자 엄마의 꿈이라는 말을 들은 적이 있다. 엄마의 꿈으로 불리기에, 아빠의 자랑으로 불리기에 나는 늘 도움만 받는 참 부족한 딸이다. 이렇게 언제나 힘이 되어주시고 믿음을 주시는 부모님께서 가끔씩 삶이 힘들다고 애써 무거운 한숨을 농담에 숨겨 말하실 때에, 정작 난 따뜻한 위로는커녕 무뚝뚝한 시선만 흘깃 보낸 게 전부였다. 해드리고픈 말이 입 언저리에서 맴 맴 돌다가 이내 꼴깍 삼켜버릴 때도, 모든 핑계는 다 다정하지 못한 내 성격 탓으로 돌렸다. 사랑한다는 말도 매년 어버이날에 글로 쓰기만 했지 목소리에 온기를 담아 말씀드린 기억이 희미하다. 사소한 하나부터 죄스러운 열까지 불편한 후회들이 물밀 듯 밀려온다.

'째깍…….째깍…….'

많은 생각에 잠겼던 하루가 내 마음처럼 어둑한 밤이 되었다. 오후 11시 반을 한참 넘기고서야 늘 그렇듯 현관 너머 퇴근하시는 부모님의 소리가 들린다. "다녀오셨어요?" 하고 짐을 받아든다. 어머니의 작은 두 손에 주름이 언제 이렇게 생겼는지 땡땡 부은 붓기에도 아랑곳 않고 오밀 조밀 세월의 밀도가 빼곡하다. 오늘 하루는 어떠셨냐고 물으며 얼굴을 올려다보니 "똑같지 뭐~." 하고 말씀하시는 어머니의 눈가가 지쳐있다.

괜스레 말이 많아지는 밤이다. 오랜만에 어린 딸이 되어 이런 저런 이야기로 늦게까지 웃다가 자리에 누웠다. 사소한 하나부터 대단한 열까지 앞으로 많이 웃게 해드려야겠다고 다짐한다.

여러 생각에 잠기니 휴학 시절이 다시금 떠오른다. 생애 첫 창업으로 사회생활을 뼈저리게 체험하면서 사업으로써는 목표 이상의 성공이었지만 그 과정에서 겪는 사람과 사람 사이의 계산적인 감정 소모가 당시 스물 두 살의 어린 나로서는 감당하기 버거운 시험이었다. 지금 돌아보면 정말 값진 경험이고 인생을 더욱 담대히 살아갈 수 있도록 해준 단단한 심리적 재산이 되었지만 당시로써는 마음을 위태롭게 만드는 짐이었다.

이처럼 감당하기 힘들 때면 부모님 생각이 들었다. 우리 남매를 키우면서 한시도 쉬지 않고 일하신 부모님께선 여태 수많은 손님들을 상대하면서 얼마나 많은 감정적인 상처를 겪었을지 마음이 아팠다. 부모님 생각으로 마음을 다시 잡기도 하고, 때로는 연민에 마음 저려하고, 또 정말 힘들 때엔 어머니께 힘듦을 털어놓으며 그 시절을 버텨내었다.

이렇게 감사한 부모님의 마음을 母心[모심]이라는 단어를 만듦으로써 정의하고자 한다. 母心이라 함은 '바라지 않고 모든 걸 내어주는 것', '알아주지 않아도 늘 한결같이 사랑하는 것' 이제는 내가 母心을 모셔야겠다. 그 사랑을 익숙함에 눈이 멀어 당연하다 여기지 않고, 감사함을 늘 되뇌며 소중히 모셔야겠다.

길었던 하루가 지나간다. 부모님에겐 또 같은 내일이 밝아 올 것이다. 나에게도 역시 부모님보다는 조금 느린 하루가 밝아 올 것이다. 마음이 울컥한다. 어머니, 아버지, 나, 좋은 꿈꾸며 잠들어야지.

사랑합니다. 우리 가족, 건강하게 오래 살아요. 진심으로 감사합니다.

〈모심을 모시다〉, 594mm×841mm, 문보라 작

14

박 미 진

엄마와 나침반

나는 위에 다섯 살 터울의 오빠가 한 명 있어서인지 어리광이 심해 철이 늦게 들어 부모님에게 짜증을 자주 내곤 했다. 하지만 지금 매 순간마다 부모님한테 잘하고 있는지, 어느 부분에서 예전과 같은 모습을 반복하고 있지는 않은지 스스로를 검토하게 하는 기회가 주어진 것 같아 감사하다. 내가 하려는 말의 이해를 돕기 위해 먼저 길에 대해 얘기를 할까 한다. 길이란 인생에 비유되며, '나아가는 길'이란 나의 인생에 적용했을 때 앞날을 계속 개척해 나아가라는 뜻으로 여겨진다. 가슴이 따뜻한 한 사람이 있었다. 풀잎 같은 냄새를 가진 그는 낙엽 같은 사람 냄새를 찾아 사랑의 길을 걷는다. 길을 걷다 돌부리에 걸려 넘어진 날에는 눈앞에 핀 들꽃에 위로받고, 모진 가시덤불 속을 헤맬 때에는 멀리 보이는 흰 구름으로 위안을 삼았다. 마침내 긴 여정을 끝내고 낙엽의 숲에 도달하니 가장 소중한 사람이 그를 기다리고 있는 것이 아닌가. 어느 것이나 인생의 길이니 굳이 우열과 옳고 그름을 나눌 일은 아니다. 대개는 이미 걸어온 걸음이 아까워서, 다시 처음이 된다는 두려움에, 실수를 인정

해야하는 부끄러움에 걷던 길을 고집하는 것은 아닌지 살펴볼 필요가 있다.

나는 지금까지 부모님에게 잘한 것도 있고, 잘못한 것도 있을 것이다. 잘못된 것을 알고도 계속 걸어간다면 그 길은 미로처럼 헤매게 될 것이다. 반대로 잘못 온 길은 방향을 바꿔 개척한다면 그 길 끝에는 내가 가장 사랑하는 사람이 나를 맞이해 줄 것이다. 지금의 나를 올바른 길로 인도해준 존재는 엄마이다. 나침반 같은 엄마. 엄마가 항상 올바른 길만을 알려주셨기에 흔들리지 않고 순탄히 걸어올 수 있었다. 엄마가 자주 하시던 말씀이 두 가지 있다. 유비무환有備無患의 자세와 거리낌 없는 자신감을 갖는 것. 이 두 가지가 엄마가 강조하시던 말들이다. 평소에 준비가 철저하면 후에 근심이 없다는 뜻의 유비무환. 준비가 되지 않으면 무슨 일이든 할 수 없음을 잘 알고 있기에 유비무환을 한 번에 받아들일 수 있었다. 그리고 거리낌 없는 자신감. 이 말은 엄마가 알려주신 「본성과의 대화」라는 책의 구절인데 거기서는 자신감은 거리낌이 없는 데서 나온다고 했기에 엄마는 그냥 자신감이 아닌 거리낌 없는 자신감을 가지라고 하신 것 같다. 그렇다고 거리낌 없는 자신감을 갖는 데서 그치는 것은 아니다. 더 나아가 항상 자신을 당당하게 보이고 스스로의 일에 대하여 자신감을 가지는 것이 중요하다. 자신감을 가지는 방법은 양심에 흔들림이 없는 행동을 하는 것이다. 이 구절까지 함께 명심한다면 길 잃을 일은 없을 것 같다. 여기서 말하는 길은 내 생각과 행동으로 걸어가는 나의 인생길을 뜻한다. 인생길 안에는 앞에 말한 자신만의 세계관인 두 가지도 있지만 혼자 사는 세상이 아니기에 타인과의 관계 또한 분명히 있다. 길을 잃지 않으면서 동시에 세상과의 관계 또한 이어져야 한다. 엄마는 인간관계에서 문제가 있을 때 내 입장에서만 생각하면 상대에 대한 불만만 늘어갈 뿐 문제는 해결되지 않을 수 있기 때문에 상대를 이해하고 존중하라고 하셨다. 그렇게 하니 싫어하는 사람이 달라 보이고 갈등이 부쩍 줄어들었다. 어쩌면 당연하게 들릴지 모르는 얘기들이지만 살아가면서 나에게 이런 얘기를 해 줄 사람이 몇이나 될까! 나를 올바른 길로 인도해준 나침반 같은 엄마는 나에게 있어서는 세상 그 어느 나침반보다 가장 좋은 나침반이다. 나침반은 시간이 흐를수록 낡을지도 모른다. 하지만 낡다고 해서 다시 찾지 않는다거나 하는 일은 없을 것이다. 낡음 속에는 추억과 사랑이 있기 때문이다. 그렇기에 낡을수록 추억은 많아지고 사랑은 커져만 간다. 그래서 더욱 소중한 나침반 같은 엄마와 이제는 뒤가 아닌 옆에서 나란히 함께 가고 싶다. 어떤 때는 앞에서 지키기도 하고 그렇게 마지막까지 함께이고 싶다.

〈사랑의 레시피〉, 594mm×841mm, 박미진 작 ▶

늘 준비되어 있던 엄마의 앞치마. 이제는 제가 준비하겠습니다

엄마의 핸드백

어머니, 아버지
사랑합니다.

15

박 세 리

당연한 생각

우리 집은 흔히 말하는 맞벌이 가족이다. 예전이나 지금이나 변함없는 생각은 남들에게 자랑할 만큼 잘 사는 것도 아니고, 그렇다고 아주 못 사는 것도 아닌 그냥 우리 가족 나름대로 행복하게 잘 살고 있다고 생각한다. 하지만 종종 부모님께 죄송하다는 생각이 들 때가 있다.

나는 어릴 때부터 그림 그리기를 좋아했다. 처음에는 TV에 나오는 좋아하는 만화 캐릭터부터 시작해서 만화책에 그려진 인물 정도만 따라 그리는 것이 전부였다. 고등학교 진학도 고집을 부려 그림을 기초로 하는 디자인을 하는 쪽으로 갔는데 나중에도 좋아하는 일을 하는 것이 좋을 거라고 하여 학원을 다니며 미대 입시를 시작했다. 문제는 여기서 부터가 아닐까 생각한다. 멋모르고 그저 좋아서 시작한 일이었는데 돈이 너무 많이 드는 것이다. 학원비며, 재료비며, 입시 책까지……, 본격적으로 입시를 시작하면서 드는 돈이 너무 많았다. 그리고 그즈음에 잘 다니시던 직장을 그만두고 아빠는 자영업을 시작하셨고 따로 다른 일을 하시던 엄마가 아빠를 따라 함께 일을 시작했다.

불과 얼마 전의 일이었다.

종종 엄마와 둘이서 대화를 할 때가 많은데, 내가 대학교 졸업반인 탓에 일에 관한 이야기로 넘어갈 때가 가끔 있다. 그럴 때면 언제나 엄마는 집안사정 때문에 고등학교를 졸업 하자마자 일을 시작해서 지금까지 몸이 힘든 일을 하고 있다고 말씀 하신다. 그러면서 너도 일 해봐서 알고 있을 것이라며 몸이 힘든 것 보다 머리 쓰는 일이 낫지 않겠느냐며 너는 꼭 그러지 말라고 말씀하곤 하신다. 그 애기를 가만히 듣고만 있던 나는 종종 하던 것처럼 아무 생각 없이 엄마의 손을 잡았는데 그날따라 유난히 손이 거칠게 느껴졌다. 몇 년 전에만 해도 엄마의 손을 만졌을 때는 이렇게 거칠지 않았는데……,

"엄마, 오늘따라 손이 유난히 거칠게 느껴지네." 라고 아무렇지 않게 지나가듯이 말하자,

"안 하던 일을 해서 그래."라고 대수롭지 않게 말씀하시는데 갑자기 속상한 기분이 들었다.

〈사랑하는 마음을 전하세요〉, 841mm×594mm, 박세리 작

그래서 이렇게 물어본 적도 있었다.

"엄마. 엄마는 왜 아빠나 나한테 집안일 같은 거 도와달라고 안 해?"라고.

내 질문에 엄마는 "네가 어렸을 때 아빠는 늘 밤늦게까지 일하고 집에 오셨었어. 그렇게 아침부터 밤늦게까지 하루 종일 힘들게 일하고 집에 온 사람에게 차마 간단한 일조차 시키기가 너무 미안하더라."라고 하시며 그때부터 혼자 시중 아닌 시중을 다 하며 들다보니 그게 지금까지 이어져 와서 그런 것이라고 하셨다.

생각해 보니 하루도 빠짐없이 당연한 것처럼 엄마는 집안 식구들의 손을 잘 빌리지 않고 혼자 집안일을 도맡아 해 왔기 때문에 얻은 결과물이 아닌가 하는 생각이 들었다. 지금껏 가족을 위해 일하고, 당연하다는 듯 가족을 챙기고, 집안일을 미루려고 하지 않고 만능 로봇처럼 척척 해내 오셨다. 그런 엄마를 보니 집안일의 경우는 여태까지 엄마가 해 왔던 '당연한' 일이라는 건데 그걸 너무 당연하게만 생각했던 것이 아닌가 한다. 엄마는 늘 하나부터 열까지 가족이니까, 가족을 위해서. 지금도 그렇게 살고 계신 엄마를 위해 내가 할 수 있는 일이 뭐가 있을까 생각해 봤지만 딱히 떠오르는 것은 없다. 하지만 '엄마가 기뻐하실 만한 것이 이것이다.'라고 정해놓기 보다는 사소하거나 지나치기 쉬운 작은 일부터 도와드리는 것이 어떨까 하는 생각이 들었다. 간단한 설거지나 빨래 개기 등등의 일은 찾기만 하면 얼마든지 있으니까. 이러한 작은 일부터 도와드리면 기뻐하시지 않을까 생각한다.

16

박 소 영

한여름에 보내는 마음

내가 부모님께 편지를 쓸 때는 항상 '나 불만 있어요.' 아니면 '억울해요.'라고 쓰기 일쑤였다. 그런 표현은 나를 어필하기 위한 수단이었는데, 이제는 감사하다고, 사랑한다는 편지를 써야겠다는 생각이 든다.

늘 내 걱정하는 것도 알고, 잔소리도 날 위해서 하는걸 알면서도 매번 그저 미운 소리로 짜증내고 받아쳤던 것에 정말 죄송한 마음이 든다. 작년 겨울에 나는 엄마랑 많이 다투고 나서 말도 안하고 지냈던 적이 있었다. 그땐 내가 사춘기가 뒤늦게 온 것 마냥 매일, 매시간, 매사에 신경이 날카로워져서 "늦잠자지 마라", "밥 제시간에 먹어라", "어디가?" 같은 사소한 터치를 포함해 모든 것이 나한테는 무조건적인 사랑이라기 보단 폭우처럼 쏟아지는 가시 돋친 화살들로만 느껴졌었다. 그래서 알아서 할 테니 신경 끄라며 꼬박꼬박 말대답도 했고, 언제까지 날 애 취급을 할 생각이냐며 버럭버럭 소리 지르기도 했다. 이제야 지난 일이 미안하고 내가 왜 그랬을까 하고 있지만 그때 당시엔 정말 너무 힘들었다. 그리고 그때를 지나고 나서야 내가 부모님이랑 대화를 아주 많이 하지 않았다는 생각이 들었다. 이제 와서야 느끼지만 스스로 부모님한테 한 발짝 더 다가가야 하지 않았을까? 이 세상에서 나만 위해주는 사람은 내 부모님인데 나는 그저 벗어나려고만 용 쓴 것은 아닐까 하는 생각이 든다.

〈사랑을 한가득 품다〉, 594mm×841mm, 박소영 작

생각하면 생각할수록 엄마 아빠한테 너무 미안하고 또 미안한 마음이 든다. 그래서 조금씩 더 나은 모습을 보여드리고 싶어서 열심히 노력 중이다. 아직 내가 무얼 하고 있는지 부모님 눈에는 잘 보이지 않겠지만, 그래도 조금만 더 나를 믿고 기다려주셨으면 좋겠다. 항상 나를 믿어주고 밀어주고 위해주신 엄마 아빠 덕분에 무사히 대학 4년 마무리까지 오게 되어서 얼마나 감사한지 모르겠다. 내 마음을 이렇게 글로 다 표현할 수 없지만, 졸업 후 내가 원하는 직장에서 행복이 충만한 내 모습을 엄마 아빠한테 보여드리면서 한없이 쏟아주신 사랑에 열심히 열심히 보답해야겠다. 엄마 아빠, 사랑합니다.

17

박 진 원

사랑을 먹다

얼마 전 텔레비전 프로그램에서 사료와 식사의 차이점에 대해 강연하는 장면을 보고 나는 어머니가 나를 얼마나 사랑해주시는지 다시금 알 수 있었다. 연세대학교 철학 박사 강신주 박사가 강연을 하였는데 강연내용은 다음과 같다.

사료는 먹어야 된다는 느낌으로 먹는 것, 불편함을 감내하지 않으려고 하는 것. 예를 들어 나 혼자 있을 때 라면에 밥을 넣고 참치와 계란도 넣고 섞어서 먹는 것을 말한다.

이것은 설거지를 최대한 줄이겠다는 생각과 함께 배고프니까 나중을 위해서 먹어야 한다는 생각으로 먹는 것이다. 반면 식사란 불편함을 기꺼이 감내하려고 하는 것, 먹는 것 자체보다 같이 먹는 사람이 중요한 것. 예를 들어 내가 사랑하는 사람이 우리 집에 왔을 때, 반찬을 접시에 덜어 담고, 라면도 그릇에 덜어서 담아 따뜻한 대화와 함께 먹는 것이 식사이다.

그는 또 하나의 예를 들었는데 어머니가 자신에게 밥을 차려줄 때, 밥만 차리고 자리를 뜨시는가? 아니면 그 모습을 지켜보는가?

만약 밥을 차려주고 그 자리를 뜬다면, 식사는 사료로 변한다. 즉, 내가 차려준 정성스런 밥을 먹는 모습을 지켜보거나 함께 먹지 않는다면 먹는 사람이 느끼기에는 그것은 식사가 아닌 사료라는 것이다.

식사란 사랑이다.

생각해보면 항상. 어머니는 피곤해도 내가 밖에 나갔다 돌아오면 밥을 차려주셨다. 그리곤 항상 밥을 먹는 나의 모습을 지켜보시며 이런저런 이야기를 물어보신다.

반찬은 입에 맞는지, 국은 짜지나 않는지, 오늘 어떤 일들을 했는지, 어디 아픈 데는 없는지…….

가끔 피곤해서 대화하기 귀찮아 짜증을 부린 적도 많았지만 어머니는 언제나 나에게 사랑을 한상 가득 차려 주셨다.

하지만 정작 어머니는 가족들이 식사를 마친 후 혼자 끼니를 때우는 식사가 아닌 무엇을 드셨던 적이 많았다.

요즘 나는 집을 나와 혼자 살고 있어 대부분 혼자 끼니를 때울 때가 많은데 그러다 보니 차려먹는다는 것이 상당히 귀찮다는 것과 혼자 먹을 때 느끼는 외로움을 알게 되었다.

어머니가 항상 느꼈을 외로움이라 생각하니 죄송스러운 마음이 들었다.

오늘은 오랜만에 사료가 아닌 가족들과 사랑이 담긴 식사를 하러 집에 가야겠다.

〈사랑 한 수저〉, 594mm×841mm, 박진원 작 ▶

강남대학교 시각디자인전공
제20회 졸업작품전
우리가 먹은 것은 밥이 아닌
사랑이었습니다
어머니, 아버지
사랑합니다.

18

박 찬 희

슈퍼맘

우리 엄마의 별명은 슈퍼맘이다. 세상에서 가장 어렵고 위대한 직업인 엄마 역할을 하는 동시에 밖에서 일까지 하며 지금껏 거의 혼자서 나를 키우며 살아 왔기 때문이다. 어릴 적부터 지금까지 내가 기억하는 엄마의 모습은 아침 일찍 일어나 회사에 갔다가 일이 끝나면 유치원에서 엄마가 오기만을 기다렸던 나를 데리고 집에 와서는 또다시 집안일을 하는 모습을 또렷이 기억한다. 어렸을 때는 그런 엄마에게 너무나 서운했던 마음이 있었다. 매일 유치원에서 홀로 남아 엄마가 데리러 오기만을 기다리고 집에 가면 엄마는 나와 얘기할 틈도 없이 빨래하고 저녁밥 짓고, 그때 내 눈에 비치는 엄마의 모습은 항상 바쁜 사람이었다.

초등학생 때는 수업이 끝나면 엄마가 교문 앞으로 데리러 오는 아이들이 너무 부러웠다. 하루는 수업이 끝날 즈음 비가 왔었는데 우산이 없어 친구 엄마가 우산을 씌워주며 집까지 데려다 주신 적이 있었는데 그때 속으로 “우리 엄만 왜 안 오는 거야." 하며 섭섭하기도 하고 그런 사소한 것에 울음을 터뜨리기도 했다. 친구들의 엄마는 함께 모여서 얘기도 하고 모임을 만들어서 여행도 다니는 그런 것들이 부럽고 샘이 나기도 했다. 엄마와 같이 있고 싶은 마음에 아침에 출근 준비를 하는 엄마에게 "엄마, 회사 가지 마!" 하며 대성통곡을 하곤 엄마의 다리에 매달렸던 적도 기억이 난다. 그런 내게 미안하다고 하시며 울던 나를 달래고 회사로 향하는 엄마가 너무 싫었었다. 그렇게 하실 수밖에 없었던 엄마의 마음도 모르고 그 서운함이 커져서 엄마에게 미움이라는 감정이 생겨나기 시작했다.

그러다 보니 중학생 때는 친구에게 의지하게 되고 가족보다도 친구와 더 많은 시간을 갖게 되고, 아마도 그때부터 나에 대한 좋지 않은 결과는 모두 엄마 탓으로 돌리며 말썽을 피우기 시작한 것 같다. 피아니스트라는 꿈을 위해 10년 넘게 쳐오던 피아노도 그만두고 친구들과 부질없이 허송세월을 보내며 채워지지 않는 마음을 채우려고 이리저리 방황을 하기 시작하였다. 이런 내가 엄마의 마음을 조금이나마 헤아렸던 날은 중학교 3학년 때이다. 학교에서 체육수업 도중에 잠시 화장실을 갔는데 그때 도난 사고가 났었다. 그 시간대에 자리에 없었던 나는 범인으로 몰렸고 회사에 계시던 엄마가 학교로 호출을 받고 오셨다. 내가 범인도 아닌데 그 시간에 수업에 없었고 알리바이라고 하기엔 나를 봤던 사람이 없어서 오해를 받았던 일이었다. 억울하게 학생부에서 학생주임 선생님께 혼이 나고 너무 억울해서 대들기도 했다. 그게 화근이 되어 선생님은 나를 더 몰아세우셨다. 불만 가득 억울한 표정을 짓고 양손을 들고 서있었는데 엄마가 걱정스러운 표정으로 들어왔다. 내가 잘못한 게 아닌데 괜히 엄마의 얼굴을 보기가 죄송스럽고도 창피했다. 보나 마나 엄마한테 혼날 생각을 하니 긴장을 잔뜩 하고 있던 중에 엄마는 나를 믿지 않는 선생님과 한참 동안 이야기를 나눈 후에 나한테 혼내기는커녕 오히려 걱정하며 대체 무슨 일이냐고 하였다.

워낙 노는 것을 좋아하고 엄마 말은 안 들어서 내 말은 안 믿고 다그치고 혼낼 줄만 알았던 엄마가 오히려 내 편을 들어주며 믿어주실 때 내 마음의 문이 조금씩 열리게 되었던 계기가 되었다. 그날 저녁, 엄마와 정말 솔직하게 얘기를 나누었는데, 지난 일이지만 어렸을 적부터 서운하고 상처 받았던 일들을 터놓고 얘기하게 되었고 엄마도 내 이야기를 차근차근 듣고는 미안하다고 하며 그때의 사정을 들은 후에야 내가 얼마나 어리석게 어리광을 부렸던 것인지 알게 되었다.

일하는 것을 우선으로 생각할 줄 알았던 엄마의 우선순위는 항상 내가 먼저였다. 엄마는 내게 관심이 없다고 생각했던 초등학생 때를 생각해보면 등굣길 교통 지도, 급식 배식, 청소, 학교 행사 도우미, 환경 미화 등 직장에 있는 시간에도 불구하고 휴가를 내면서 참가하였다. 내가 학교에 잘 적응하도록 하기위해 사랑하는 마음으로, 또 혹시나 서운해할까 봐 학교에서 연락이 오면 회사에서 그 먼 길을 왔다 갔다 했다는 걸 알게 되었다. 엄마는 '엄마의 빈자리'를 조금이라도 덜 느끼게 해 주고 싶은 마음으로 퇴근 후에도 피곤한 몸을 쉬지도 못하고 빨래를 하고 청소를 하고 저녁상을 차리며 직장에서나 가정에서 힘들었던 일을 하소연하지도 못하고 묵묵히 나의 뒷바라지만 해온 것이다. 내 자신이 주인이 되는 삶을 살아가려고 했던 자신을 돌이켜 보면서 23년 살아온 지금까지 하루하루가 무엇 하나도 부모님의 사랑과 정성이 없었던 날들은 없었다는 걸 깨달으며 이기적인 내 모습을 이제야 보게 되었다. 이제는 입장을 바꿔 엄마의 모습을 있는 그대로 보고 엄마를 더 잘 이해하게 되었다. 엄마도 친구들과 여행을 갈 때, 하고 싶은 취미활동을 할 때, 예쁜 옷을 고르며 즐겁게 쇼핑을 할 때, 그리고 나와 친구처럼 자유롭게 대화할 때는 엄마보다 여자로써 즐거움과 행복감을 느낀다는 것을 알았다. 그런 엄마를 보면서 나도 내 인생을 열심히 사는 모습을 보여드려야 엄마도 보다 자유롭게 엄마의 인생을 살아갈 수 있을 거라 생각했다.

대학을 졸업하는 지금까지 나를 위해 희생하며 살아왔다면 앞으로는 엄마의 인생에서 엄마가 주인공인 삶을 살아갔으면 좋겠다. 지금부터는 슈퍼맘이 아니라 지금 엄마가 이루고 싶은 꿈을 하나씩 이루면서 멋있는 여자의 인생을 살아가는 '슈퍼우먼super woman'이 되길 바라면서 이젠 내가 열심히 응원해야겠다.

사랑해요, 엄마.

〈부모님의 희생〉, 594mm×841mm, 박찬희 작 ▶

20
강남대학교 시각디자인전공
제20회 졸업작품전
부모님의 희생 아래
우리는 자랄 수 있었습니다.
어머니, 아버지
사랑합니다.

19

서 명 덕

외톨이 가장

우리 집엔 외톨이가 있다. 그 외톨이는 아무리 외로워도 아무런 불평을 하지 않는다. 그 누구도 외톨이가 외로운지, 외롭다 생각되더라도 왜 외로운지 알지 못하고 있다. 그 외톨이는 다름 아닌 아버지이다. 집안의 가장이라는 무게, 가장으로서의 책임, 가장의 역할……, 이러한 것들이 아버지를 점점 구석으로 내몰고 있다. 그런데 진짜로 아버지를 외톨이로 만든 것은 무엇일까. 바로 '나'라고 생각한다. 가장 가까이 있으면서도 가장 가까워야 할 사이임에도 자식들은 다가가지 않는다. 아버지가 퇴근하고 오셨을 때, 주말에 집에 계실 때에도 몇 마디의 말조차 주고받지 않았으면서 용돈이며 가지고 싶은 물건들은 아버지께 달라고만 한다.

남자와 여자가 만나 사랑을 하고 부부가 되고, 그리고 아이를 낳게 되면서 진정한 가족이 된 것만 같은 기분에 부부는 행복해진다고 생각한다. 그러나 그때부터 아버지는 외톨이의 길을 걷게 된다. 대한민국에서 아버지로 산다는 것은 대부분 일을 하고 가족들을 부양하여 화목한 가정을 만드는 것이다. 아버지로 산다는 것은 가족을 위해 희생하는 것이다. 아버지가 일을 마치고 집으로 돌아온다. 그리곤 가족과 함께 저녁 식사를 한다. 그런데 아버지는 기분이 이상하다. 아이와 아이 엄마는 선생님께 혼났던 일, 친구와 싸웠다가 화해한 일 등 시시콜콜 대화를 하지만 아버지는 끼어들 틈이 없다. 회사에서 스트레스 받았던 일, 퇴근길에 길이 막혔던 일 등 생각하면 할수록 힘들고 안 좋은 얘기들뿐이라 입에서 꺼내지 못하는 것이다. 마침 몸도 피곤해서 식사를 얼른 마치고 소파에 앉아서 TV를 본다. 보고 싶었던 프로그램과 뉴스로 채널을 돌려본다. 하지만 얼마 지나지 않아 아내가 챙겨 보는 드라마가 시작하고 아버지는 할 일이 없어 일찍 잠자리에 든다.

며칠이 지나고 주말이 되었는데, 회사에서는 급한 일이 있다며 주말 출근을 강요한다. 아버지는 어쩔 수 없이 아이들에게 놀이공원에 데려가겠다는 약속을 지키지 못하고 회사에 출근한다. 그렇지 않아도 주말에 못 쉬는데 회사에서는 업무 처리가 늦다며 스트레스를 주고, 아침에 집에서 나오면서 보았던 아이들의 실망스러운 표정에 일이 손에 잡히지 않는다. 다음에는 꼭 데려가겠다는 약속을 하면서도 아버지는 마음이 불안하기만 하다. 어머니와 아이들은 점점 아버지 없이 지내는 것에 익숙해져간다. 그렇게 시간이 흘러 아이들이 사춘기가 오고 성인이 된다. 그러고선 아버지에게 말한다.

"아버지는 왜 이렇게 집에는 관심도 없고, 왜 우리한테 관심이 없어요?"라고 원망스러운 말들을 쏟아낸다. 아버지는 그저 가족들에게 불편한 존재가 되어버리고 만 것이다. 우리는 아버지께 "회사 다녀오셨어요?"라고 말하고, 아

〈부모님의 사랑은 (　　)다〉, 594mm×841mm, 서명덕 작

버지는 우리에게 “밥 먹어라”라고 말하는 것 외에는 하루에 하는 말이 몇 마디 되지 않는다.

바로 우리 아버지가 이렇게 살아오셨다. 한 가정의 가장으로 20년이 넘게 살아오신 아버지에게 남은 것이라곤 가족뿐이라는 생각이 든다. 그러나 정작 아버지의 말동무조차 되어드리지 못한 나는 진정 불효자가 아닌가? 매년 어버이날에 카네이션만은 꼭 달아드려야겠다고 생각만 해봤지 정작 아침에 출근하기 전에 달아드린 적도 없다. 카네이션을 준비했어도 아침에 이미 아버지는 출근한 후였다. 이토록 아버지께 해 드린 것도 없기에, 이것이 마치 당연한 것처럼 여기며 살아온 것이다. 대화가 없는 것도 아버지를 원망했고, 아버지의 탓으로 돌려왔었으나 잘 생각해보면 아버지가 집에 계실 때에도 동생과 나는 그저 어머니하고만 얘기를 했었다. 아버지는 그렇게 점점 외톨이가 되어가고 계셨던 것이다.

대학 졸업을 앞두고 이제야 느껴진다. 나도 미래에 누군가의 남편, 누군가의 아버지, 한 가정의 가장이 되었을 때, 외톨이 아버지의 모습이 가장 먼저 떠오를 것 같다. 가까운 곳에 있으면서 힘이 되어드리지 못하고 있는 점이 정말 죄송할 따름이다.

지금부터라도 외톨이 아버지가 되지 않도록 내가 먼저 노력해야겠다.

아버지, 사랑합니다.

20

신 소 정

나보다 더

내가 즐겁고 기분 좋은 일이 있을 땐
나보다 더 행복해하는 부모님
그런 부모님이 있어 나의 기쁨이 더욱 값집니다.

내가 화나고 기분 나쁜 일이 있을 땐
나보다 더 안타까워하는 부모님
그런 부모님이 있어 내 마음의 화는 누그러집니다.

내가 자랑스러운 일이 생겼을 땐
나보다 더 기뻐하는 부모님
그런 부모님이 있어 나는 자신감을 얻습니다.

내가 슬픈 일이 있을 땐
나보다 더 슬퍼하고 격려해주는 부모님
그런 부모님이 있어 나는 힘을 얻습니다.
나보다 더 나를 생각해주고
나보다 더 나를 걱정해주는 부모님

내가 힘들 때마다
언제나 나의 힘이 되어주는 부모님
그런 부모님이 있어 힘이 납니다.
이제는 내가 졸업을 하고 사회생활을 시작하면
언제나 어머니 아버지 편에서 큰 힘이 되는 딸이 되겠습니다.

내게 있어 가장 편하고 따뜻한 안식처인 우리 부모님
늘 감사하고 사랑합니다.

〈최고의 훈장〉, 594mm×841mm, 신소정 작

21

신 예 슬

가르침과 깨달음

부모님이 항상 빼놓지 않고 하시는 말씀이 있다. '남을 욕하기 전에 너의 행동이 어떠했는지를 먼저 생각해라.' 처음에는 이해할 수 없었다. 어째서 내 이미지를 밉보이게 하는 사람을 욕하면 안 되고 나부터 생각해야 하는지, 화가 나고 억울했지만 그렇게 부모님의 말씀을 따라 산 지 벌써 10년이 지났다. 이제는 그 말씀 하나하나에 감사하고 있다.

나의 입장만 생각하고 남을 미워하고 욕하면서 살고 있었다면 주체할 수 없을만큼 힘들게 살았을 것이다. 부모님은 나의 마음가짐이 남을 비판하고 미워하면서 살지 않기를 바라시는 마음으로 하시는 말씀이라는 것을 느끼면서 살고 있다.

겸손함과 배려를 중요시하시는 부모님의 가르침이 지금 내가 살아갈 수 있게 하는 원동력이 되고 있다. 20대의 나이로 접어들면서 생각해야 하는 것과 해야 하는 일들이 많아지면서 모든 일들을 스스로의 힘으로 해야 하고, 도움 아닌 도움을 받으면서 적응하기 힘들어질 때마다 하루 동안 어떻게 살았는지를 생각해보고 반성하는 시간을 스스로 가질 수 있게 되었다.

그것이 어떨 때에는 스트레스로 다가와 나를 괴롭게 할지라도 지금은 오히려 그 시간을 감사히 여기고 나를 되돌아보게 되는 계기가 되었다.

항상 부정적인 사고방식으로 생각했던 나를 위해 부모님께서는 기도로 돌봐주신다. 종교를 가지지 않은 사람들은 공감하지 못하겠지만 긍정적이고 자신감을 가질 수 있게, 하나님이 곁에서 항상 함께 하신다는 그 기도가 얼마나 큰 힘이 되고 용기를 실어주는지 느낄 수 있다. 살아가면서 두렵거나 힘들 때,

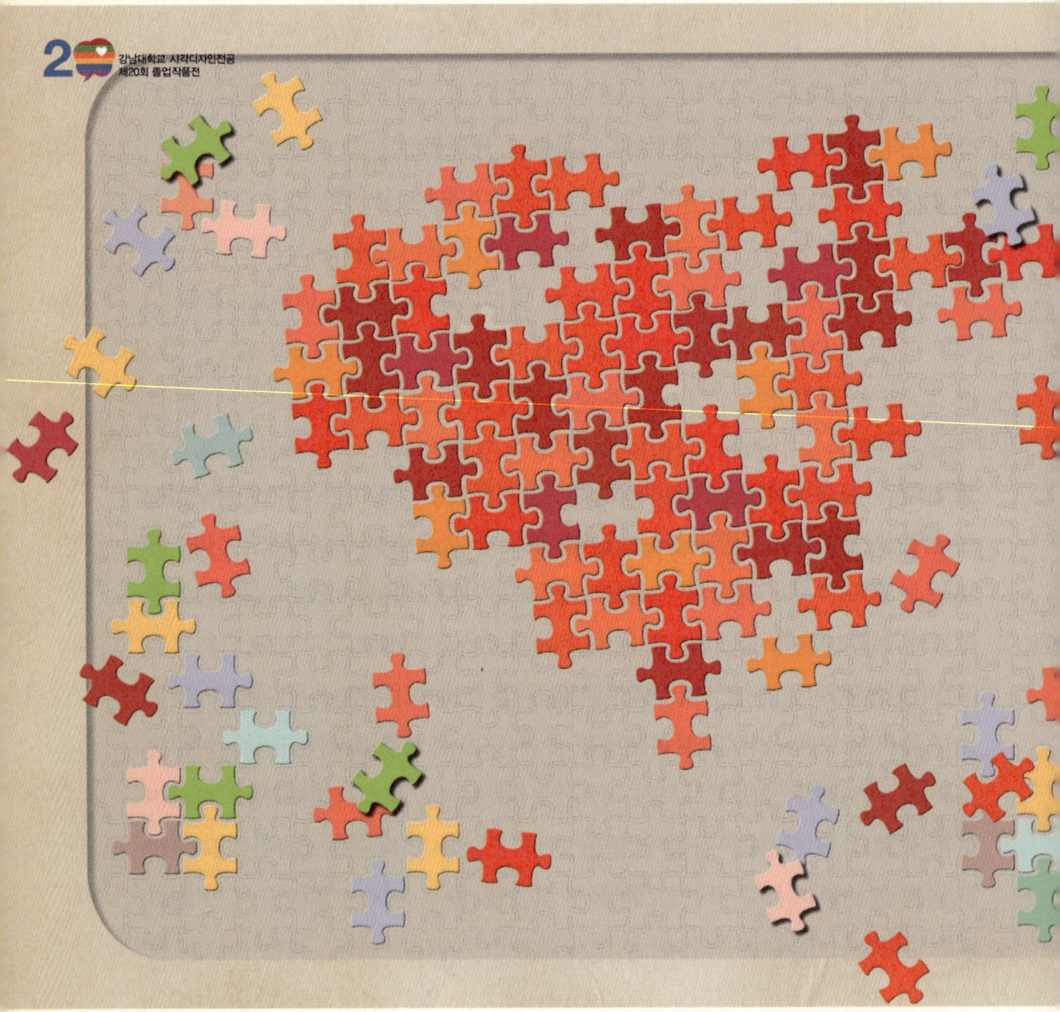
강남대학교 시각디자인전공
제20회 졸업작품전

어떻게 이겨내야 할지 막막할 때 부모님은 항상 기도해주신다. 기도에 모든 사랑이 들어가 있기 때문에 감사함을 느끼며 살아가고 있다.

현재 졸업을 앞둔 나 때문에 부모님은 항상 걱정하신다. 걱정을 끼쳐드리고 싶지 않은 마음과 사회에 홀로 나간다는 불안감 때문에 지금 이 순간이 나에겐 고비의 시작이다. 처음으로 작품을 사람들에게 보인다는 것에 대한 공포감 때문에 시작하는 것이 쉽지 않다. 하지만 흔들리지 않고 꿋꿋이 이겨내는 마음으로 내가 하고자 하는 일들이 이루어지는 모습을 보여 드리는 게 부모님의 가장 큰 행복일 것이라고 생각한다. 그 행복과 나를 위해 한 걸음씩 나아가 변화하며 성장하는 모습을 떳떳하게 보여 드리고 싶다.

◀ 〈맞춰지고 있는 마음〉, 841mm×594mm, 신예슬 작

22

안 원 욱

회상

나는 1남 1녀 중 막내로 태어나 아버지와 어머니의 사랑 속에서 초등학교에 입학하게 되었다. 초등학교 시절을 지내오던 중 1997년도에 IMF가 터지면서 아버지는 다니시던 회사에서 명예퇴직을 하게 되었고, 그때 아버지는 따로 사업을 하셨던 걸로 기억이 된다. 어렸을 적이라 자세히는 기억이 나질 않지만 그때 IMF는 우리나라 전체에도 큰 영향을 끼쳤던 것으로 알고 있다.

내가 중학교 2학년이 되었을 때부터 아버지가 하셨던 사업이 잘 되지 않으면서 집의 가세가 기울어지기 시작하였다. 그때부터 아버지는 집을 떠나서 따로 다른 일을 시작하셨다. 아버지는 새로운 일을 시작하기 위해서 집을 나가서 일을 하셨고, 어머니도 그때부터 집안 살림을 꾸려 나가기 위해 일을 시작하면서 나의 사춘기 시절이 시작되었다. 그렇게 친구들과 놀기 좋아하고 공부와는 거리가 멀었던 나는 고등학교에 입학하고 나서도 성적에 전혀 관심이 없었기에 반에서도 공부를 못하는 쪽에 속해 있었다. 그러나 집에 아버지가 없는 상황에서 나는 집의 가장이나 마찬가지였지만 그러한 책임감을 전혀 느끼지 못하고 그저 노는 것이 더 좋아 친구들과 함께 있는 것만으로 좋았던 나날들을 보내며 친구네 집에서 잠을 자기도 하면서, 집에 들어가지 않고 학교에 등교하는 날도 많았다.

그때 어머니가 아주 힘들어하고 항상 걱정하고 있을 거라는 생각은 지금에서야 하지만 그때는 전혀 그러한 상황을 생각조차 하지 않았다. 아버지에 대한 원망과 집에 대한 원망을 하는 것이 당연하다고 생각하고 있었다. 그런 시간이 지나 내가 고등학교 2학년이 되던 해 아버지는 집에 들어오셨고, 우리 집은 경기도 광명에서 안산으로 이사를 하였다. 이사한 곳은 내가 다니던 고등학교와는 다른 지역이어서 통학할 경우 전철과 버스를 타고 1시간 10분 정도를 가야 하는 곳으로 멀리 이사를 했지만 학교를 전학하지는 않았다. 2학년 때 대학교 진학에 대해 고민을 해 봤지만, 내신 성적관리도 못했고 수학능력시험에도 자신이 없었다.

어렸을 때부터 미술에 소질이 있고 운동을 잘한다는 얘기를 듣고 자랐다. 하지만 사실 미술보다는 운동을 더 하고 싶어 했다. 그래서 어머니와 진로에 대해 진지하게 의논했지만 어머니는 운동하는 것을 반대하였다. 그래서 고등학교 2학년을 마치는 그 시점에 미술을 시작하게 되었다. 나름대로 좋아했던 그림이라서 열심히 입시 준비에 최선을 다한 결과 현재 다니고 있는 강남대학교에 입학을 하게 되었다. 대학교 1학년을 마치고 군에 입대를 하는 날, 나는 지금까지 쌓아두었던 아버지에 대한 원망을 버릴 수 있었다.

입대 당일 훈련소로 들어가면서 절대 뒤를 돌아보지 않고 들어가겠다고 마음먹고 있었다. 정말 뒤돌아보지 않고 훈련소에 들어갔다. 그렇게 훈련병과 이등병 생활을 거치며 첫 휴가를 나와 친구들과 만나 이런저런 얘기와 군 생활에 대한 얘기도 했었다. 그러던 중 친구가 내가 입대하던 날 의외의 얘기를 내게 들려주는 것이었다.

내가 입대하는 날 뒤에서 아버지가 눈물을 흘리면서 날 쫓아가셨다는 얘기였다. 나는 설마라는 생각을 했었다. 사실 아버지가 우는 모습은 본 적도 없었기 때문이다. 다른 사람들은 그게 뭐 어떠냐고 말할 수 있겠지만, 우리 집안 사정을 잘 알고 있던 친구들은 그렇게 생각하지 않았나 보다. 나 또한 그 뭔지 모를 감정이 북받쳐 올랐었다.

그런 시간이 지나 나는 병장이 되었고 군 전역을 얼마 남기지 않던 시점에서 외할머니가 돌아가셨다는 얘기를 전달받았다. 곧장 전화기로 가 어머니에게 전화를 걸었다. 전화 건 그날 새벽에 돌아가셨다고 한다. 하지만 그 상황에 바로 휴가를 갈 수 있는 상황이 아니었던 터라 하루 다음날 나가기로 하고 나는 친구들에게 전화를 하였다. 밖에 있던 친구들은 나를 대신해 하루 먼저 장례식장을 찾았고 그날 일을 새벽까지 도와주었다. 정말 고마운 친구들이었다. 어머니와 아버지 또한 친구들에게 정말 고마워했다. 나도 다음날 바로 휴가를 나와 돌아가신 할머니 영전에 인사를 드렸다. 그때 어머니가 너무도 슬퍼하는 모습을 보았다. 어머니와 딸의 애달픈 이별의 순간에 나도 가슴이 찡하고 눈물이 멈춰지지 않았다. 어렸을 때 할머니와 같이 살진 않았지만 동네가 가까워 할머니와 함께 지내는 시간이 많아 정이 많이 들었던 것 같다.

시간이 흘러 전역을 했고, 이제 대학생활도 1학기가 남은 상황이다. 지금까지 초등학교 6년, 중학교 3년, 고등학교 3년, 대학교 4년이라는 긴 시간 동안 부모님이라는 그늘 아래서 자랐다. 군복무 기간, 대학생활을 하며 자취하고 있는 동안도 부모님의 그늘이라는 것을 새삼 뼈저리게 느끼며, 마지막 학기를 잘 마무리 짓고 정말 원하는 일을 하며 가정에 보탬이 되고, 앞으로 내가 부모님을 보살필 수 있도록 노력하고 항상 기도해야겠다. 그동안 쑥스럽다는 이유로 표현하지 못했던 말이 있다.

어머니 아버지 사랑합니다.

〈회상〉, 594mm×841mm, 안원욱 작 ▶

강남대학교 시각디자인전공
제20회 졸업작품전
I think
my parents
안
Airplane
TICKET
3/30
birthday
3/17
birthday
69
어머니, 아버지
사랑합니다.

23

안 현 경

빛바랜 기억 속 자전거

나는 첫째 딸이자 외동딸로 태어났다. 약간 내성적이기도 한 나는 표현을 하는데 많이 서툴러서 그동안 부모님께 사랑하면 사랑한다고, 감사하면 감사하다고 말로써 표현은 잘 못하지만 부모님께 걱정을 끼쳐 드릴만 한 큰 사고나 실망시켜드릴 만한 일과 같은 요란한 사춘기 없이 무사히 23년을 지내온 그런 조용하면서도 가끔은 푼수 같은 딸이었던 것 같다.

주위에선 외동딸은 사랑만 받고 자라왔을 것이라 생각해서 버릇이 없지 않을까라는 오해를 하는 분들이 있지만 사실 철이 덜 들었을 때에는 큰 반항은 아니었지만 나름 부모님의 깊은 뜻을 헤아리지 못해서 부모님과 사소한 걸로 토닥토닥 다투기도 하고 했었다.

지금 생각해보면 부모님 마음을 제일 이해하게 되었던 일은 내가 그때가 아마 중학교 2학년 때였던 것 같다. 그때 자전거라곤 타지도 못하고 타본 적도 없던 나였는데, 동네 친구 중에 수업이 끝나면 항상 바구니가 달린 자전거를 타면서 집에 가는 친구를 보며 부러워했다. 특히 그 친구의 바구니가 달려있던 자전거는 내가 생각하기에도 바구니에 무거운 교과서가 들어있는 가방을 두면 편할 것 같았고 바람을 타면서 재밌게 가는 친구의 모습을 보며 "우와! 정말 시원하겠다."라는 어린 생각에 무척 부러웠던 것 같다. 그런데 그때 나는 수학학원과 피아노학원을 다니고 있었는데 아마 당시에는 학원비가 만만치 않았기 때문에 지금 생각해보면 부모님께서는 더 열심히 일을 하셨지 않았을까 생각한다. 그런데 그때는 철도 덜 들었고 부모님에 대해 먼저 생각하지 못했던 나였기 때문에 하교를 하고 당시 옷가게를 하시는 엄마에게 먼저 달려가 나의 무조건적으로 조르는 전쟁이 시작되었었다.

한참 조르다 보면 엄마는 "갖고 싶은 마음은 알겠으니, 엄마가 조금 더 있다가 사줄게."라는 말을 당시엔 기다리라는 말에 참지 못하고 마치 당장 사주지 않으면 큰일이 날 것처럼 울고불고 자전거를 하루 종일 사달라고 졸랐었다. 그렇게 나는 삐질 일도 아닌 일에 삐져서 특히 엄마와 말도 안하고 입만 삐쭉 나와서는 말만 붙이면 눈물이 뚝뚝 떨어지는 못 말리는 행동을 이틀 동안 했었다.

그렇게 이틀이 지난 후 학교에서 하교를 마치고 여느 때처럼 입이 삐죽 나와 집에 가고 있는데, 가는 길에 이틀 동안 대답도 잘 안하고 엄마한테 미안한 마음이 들어서 그래도 가게를 들렸다가 집에 가야겠다는 생각에 가게에 먼저 들어갔더니 가게 안에는 그렇게 가지고 싶어 했던 자전거가 딱! 있는 것이었다. 그렇게 이틀 동안 혼자 삐져있던 나의 모습은 온데간데없이 좋아서 실실 웃었던 나였다. 지금도 그때의 기분은 아직도 잊을 수가 없다. 그런데 크고 나서

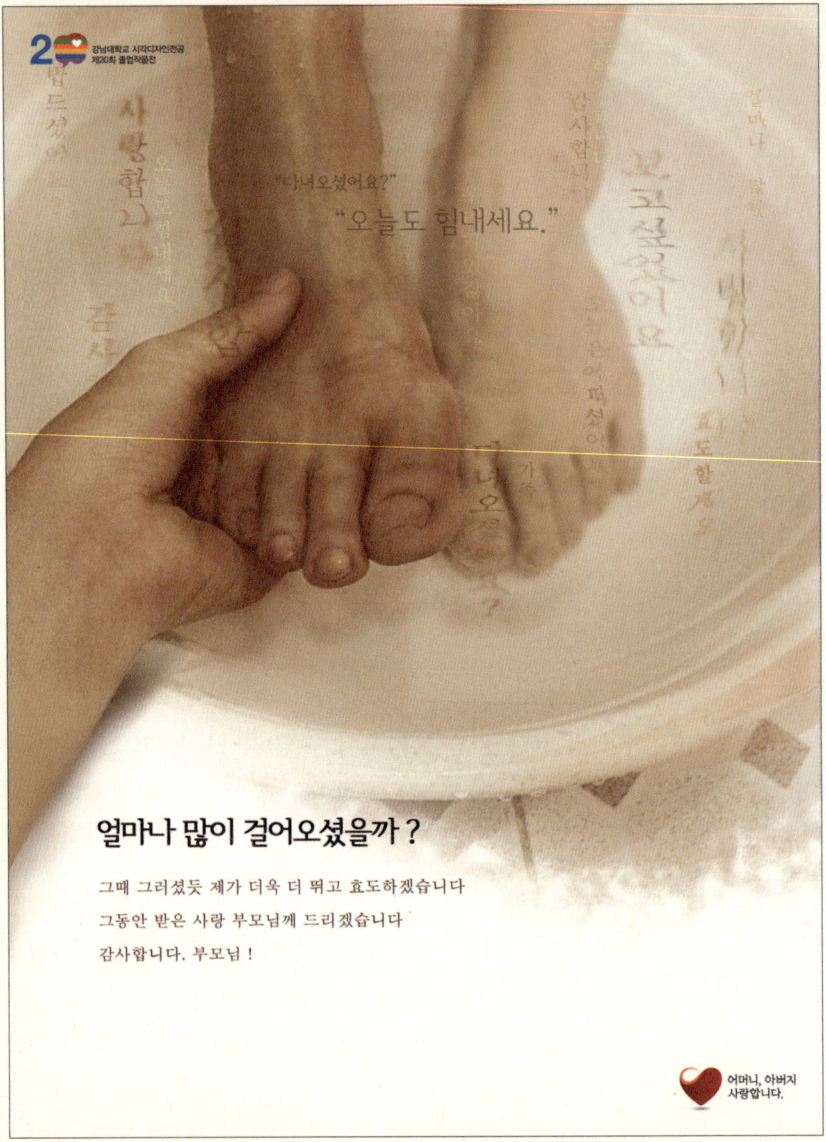

〈세상에서 가장 아름다운 발〉, 594mm×841mm, 안현경 작

야 지금 생각해보면 그때 자전거 하나로 활짝 웃던 나의 모습을 보던 엄마의 마음은 한편으로 얼마나 아팠을까 생각이 들었다. 그렇게 나는 부모님께 철없던 딸이기도 했었다. 어쩌면 지금도 부모님의 마음을 헤아린다고 말할 수 없을지도 모를 것이다.

그래서 나는 외동딸이기 전에 예의가 없지 않을까라는 그런 시선을 느끼게 하기 싫어서 어릴 때 보다는 철이 든 지금은 부모님께 항상 감사하며 조금만 더 커서 사회에 나가게 되면 효도를 꼭 해드려야겠다는 생각을 하고 있다. 효도라고 하면 부모님께서는 항상 하시는 말씀이 "그동안 말썽 부리지 않고 바르게 자라준 그것만으로도 효도였다."라고 하시지만 나는 적어도 대학생활을 마치고 나서 사회인이 되어서야 비로소 효도를 할 수 있는 기회가 주어진다고 생각하고 있다.

그동안 사랑으로 세상의 옳고 그름을 알려주시고 세상에 모든 부모님들은 하나밖에 없는 소중한 가족들을 위해 열심히 일하며 키워온 자식들이 우리라는 것을 알려주시며 나를 키워주신 것이다. 지금 이렇게 철이 들 수 있었던 것도 당연히 지금 건강하게 계신 부모님의 덕이라고 생각한다. 이제 내가 스스로 사회에 발을 내딛어 사회생활에서 어려운 일에 부딪치기도 하고 많은 사람들과의 관계 속에서 혼자의 힘으로 견뎌내기도 해야 할 것이다. 아마 내가 조금 더 크고 나면 이제는 부모님 품속에 있던 자식이 아니라, 나도 부모가 되겠지만. 그때가 오면 부모님의 마음을 백퍼센트 이해할 수 있을까?

나도 나의 부모님 같은 좋은 부모가 되고 싶다.

부모님의 딸로 태어날 수 있어서 항상 감사하고 사랑합니다.

영원히 사랑합니다.

24

안 현 주

아늑하고 애틋하다

나에게는 부모님이라는 단어만 들어도 눈물이 흘러넘치는 그런 애틋함이 있다. 누군가 부모님의 사랑이란 무엇인가에 대해서 묻는다면, 자신이 살아왔던 삶을 돌아볼 것을 권하고 싶다. 아직까지도 부모님께서는 내게 무한한 사랑을 주시고, 아낌없이 베풀고 계신다. 다른 사람들과는 비교할 수 없을 정도로 나를 위해 애쓰는 모습을 보면 나의 인생에 있어서 가장 큰 선물은 바로 부모님이라는 존재가 아닌가 하는 생각이 든다. 이제껏 길지 않은 나의 인생에서 '부모님의 사랑은 이런 것이다.'라는 사실을 수도 없이 깨달았고, 일일이 언급하기조차 힘이 든다.

초등학생 때의 일이다. 기억은 잘 나지 않지만 내가 큰 잘못을 한 날이었다. 어머니께서 회초리를 들으시며 마구 혼을 내셨고, 나는 얼마나 혼이 났는지 울다가 지쳐 잠이 들었다. 얼마쯤 시간이 지났을까 어머니께서 방에 들어오면서 조용히 내 옆에 앉으셨다. 난 인기척에 잠이 깨었으나 계속 자는 척을 했었다. 옆에 앉은 어머니는 맞은 부분의 상처에 약을 발라주며 눈물을 흘리고 계셨다. 혹시 내가 깰까 봐 울음소리를 꾹꾹 누르며 눈물만 흘리는 어머니를 등지고 누워 나도 함께 울었다. 어머니의 사랑이란 바로 이런 것이 아닐까?

대학교에 입학한 지 몇 개월 후의 일이다. 아버지께서 여러 가지 문제로 한참 힘드셨을 시기였는데도 불구하고, 나는 신입생이 된 기쁨에만 빠져 매일 밤 늦게 집에 들어왔다. 심지어 약속이 없는 날이나 주말에도 공부를 하거나 간단한 집안일조차 하지 않고, 내 방 침대에 누워 핸드폰만 바라보고 있는 시간이 대부분이었다. 결국 아버지께서는 나와 동생에게 크게 화를 내셨고, 몸에 멍이 들 정도로 맞았다. 그런데 아버지는 회초리를 놓으시더니 답답한 듯 자신의 가슴을 주먹으로 퍽퍽 때리기 시작하였다. 가슴이 빨개질 정도로 주먹으로 치면서도 가슴 속의 아픔을 달랠 수는 없었던 것이다. 내가 아버지께 얼마나 무심했던가를 자책하며 반성의 눈물을 흘리는 것 밖에는 내가 할 수 있는 일이 없었다. 아직도 그때의 일을 생각하면 마음 한편이 먹먹해진다. 아버지의 사랑이란 바로 이런 것이 아닐까?

어렸을 때부터 엄하고, 무뚝뚝했던 아버지. 반대로 한없이 마음 약하고, 여리셨던 어머니. 그렇게 두 분께서는 서로의 빈자리를 채우기 위해 끝없이도 노력해오셨다. 나는 점점 부드러워지는 아버지, 강해지는 어머니의 모습을 보며 '마음 시린 기쁨' 을 느낀다. 그 변화의 시작이 나와 내 동생이라는 사실을 너무나도 잘 알고 있기 때문이다. 자식들의 행복을 위하여 부모님께서는 꾸준히 노력하였다. 부모님이 아니었다면 내가 이토록 애틋할 정도로 진심 어린 사랑을 받아 볼 수 있었을까?

사랑하는 아버지, 어머니!

이십삼 년이라는 세월 동안 자식만을 바라보고 달려오신 부모님. 부쩍 늘어난 흰머리를 보며 지나온 시간이 얼마나 힘드셨을지 그 세월의 무게가 짐작이 됩니다. 세상에서 가장 힘든 자리가 한국의 부모님이라는 자리라고 사람들은 말합니다. 그 자리를 지켜주신 부모님이 계셨기에 오늘날의 제가 있습니다. 항상 감사하고, 존경하고, 사랑합니다.

〈부모님의 품 안에서〉, 594mm×841mm, 안현주 작

어머니의 발을 만져 보고서야 비로소
어머니의 마음을 만져 볼 수 있었습니다.

-어머니의 발. 견[見]-

25

양 재 용

그 날의 잊지 못할 기억

많은 사람들이 그렇듯, 우리 부모님도 넉넉하지 못한 형편에 말도 잘 안 듣는 연년생 형제를 키우시느라 고생이 참 많으셨다.

지금의 나보다도 더 어린 나이에 두 형제를 낳아 기르며 본인이 먹고 싶은 것, 하고 싶은 것 모두 아들들을 위해 포기하시고 양보하시며 젊은 청춘을 보내신 우리 부모님. 못난 자식은 그것이 부모님이기에 당연하다고만 여기고 살아왔었다. 요즘 들어 부모님의 모습을 볼 때마다 '언제 이렇게 나이가 드셨지……' 하며 흠칫 놀랄 때가 많다. 항상 젊고 예쁘기만 했던 우리 어머니, 항상 넓은 어깨와 우직한 모습을 보이셨던 아버지. 그랬던 부모님이 어느새 흰머리가 나고 곳곳에 주름이 생긴 아줌마, 피곤에 지쳐 축 처진 어깨를 늘어트린 아저씨가 되어 있었다.

나는 벌써 26살이 됐다고 다 컸다고 생각만 했을 뿐, 자식이란 그림자 뒤에서 묵묵히 나만을 바라보며 세월을 보내신 부모님을 잊고 살았던 것이었다.

26년이란 긴 시간 동안 한결같이 지켜주신 부모님은 보지 못한 채…….

어느 부모님이나 그렇겠지만, 우리 부모님. 정말 고생이 많으셨다. 몸이 힘든 것보다 마음이 힘든 것이 더 크다고 했던가. 그동안 부모님의 속을 썩인 내 행동들이 후회가 되며 더불어 부모님께서 자식들을 올바르게 키우기 위해 하셨던 많은 노력과 모습들이 떠오른다.

고등학생 시절, 형이 사고도 많이 치고 학교문제로 부모님의 모든 신경이 쏠렸던 때가 생각난다. 안 그래도 형 때문에 집안이 속상한 분위기인데 나도 한창 오토바이에 빠져 삶의 목표도 없이 이리저리 방황을 한 적이 있었다. 그때는 철없는 생각에 오토바이를 타는 것이 좋았고 배달을 하며 돈도 벌 수 있으니 나름대로 부모님께 용돈 부담을 안 준다는 생각을 하였고, 당당하다는 생각으로 매일 집에 늦게 들어가기 일쑤였다.

내가 오토바이를 타다가 집에 늦게 들어오면 부모님께서는 새벽까지 잠도 못 주무시고 걱정스러운 눈빛으로 "재용아, 오토바이는 위험하니까 타지 말아라."라고 하셨지만, 나는 그럴 때 마다 부모님의 말 한마디 한마디가 잔소리 같이 느껴져서 "아, 내가 알아서 한다고!" 하며 짜증을 내고 투덜대며 부모님께 차가운 말들만 뱉어냈었다. 그러던 어느날 배달을 하다가 불법유턴을 한 택시와 크게 충돌하는 사고가 났고 긴급 출동한 구급차에 실려 병원으로 이송되었다.

밤늦은 시간 나의 사고 소식을 듣고 한걸음에 달려오신 부모님과 형.

부모님께 혼날 준비를 하고 있던 나는 눈물을 보이시며 부모님이 처음 하신 말을 듣고는 눈물을 펑펑 쏟았다.

우리 아들 어떻게 됐을까 봐 오는 내내 무서워서 죽는 줄 알았다고, 많이 안 다쳐서 정말 감사하다고…….

그 모습을 보며 내가 지금껏 부모님께 했던 차가운 말과 행동들이 떠올랐고, 그때서야 흐르고 있는 뜨거운 눈물이 부모님의 따뜻한 사랑에 대한 감사함과 그에 보답하지 못한 죄송스러움의 눈물이란 것을 알게 되었다. 나의 차가운 가시 같은 말들을 부모님께서는 따뜻함으로 돌려주셨던 것이었다.

약 2주간의 입원 기간 동안 어머니는 매일같이 일을 마치시면 지친 몸을 이끌고 병원에 오셔서 아들이 밥은 잘 먹었는지 어디 더 아픈 곳은 없는지 돌보아주셨고, 그런 부모님의 사랑과 정성 덕분인지 다친 곳은 금방 나았으며 허리와 목상태도 호전되어 예상보다 조금 일찍 퇴원을 할 수 있었다.

그때는 몰랐던 부모님의 마음을 이제야 조금은 알 수 있을 것 같다. 매일매일 아들이 힘들지 않을까, 혹시 사고라도 나지는 않을까, 내가 잘못된 길을 가고 있을 때 혹시라도 심한 말을 하면 더 삐뚤어지지 않을까 노심초사하고 마음을 졸이셨을 걸 생각하면 가슴이 미어지며 후회가 물밀 듯이 밀려온다. 내가 왜 그때 그런 차가운 말들만 골라서 했었는지…….

부모님께서는 아마 가슴이 찢어지도록 아프셨을 것이다. 다만 부모라는 이유만으로 자식에게 티 내지 않고 자기 스스로 그 상처를 꿰맸을 뿐.

돌이켜 생각해보니 그 당시에는 깨닫지 못했던 부모님의 사랑과 따뜻한 말들이 나의 모난 부분을 많이 다듬어 주었고, 그것들은 지금의 나로 있게 한 부모님의 가르침이었다.

항상 자식을 위해 사랑을 담아 지원과 응원을 해주시며 모든 것을 다 내어주시는 부모님. 시간이 지날수록 더 깊어져가는 부모님의 귀중한 사랑을 나는 너무도 당연하게 받기만 할 뿐 자식이란 이유만으로 해드린 것도 없고 걱정만 끼쳐드리며 내가 필요할 때만 부모님을 찾는 것 같았다는 생각이 끊임없이 든다. 철없는 쑥스러움에 감사하다는 말, 사랑한다는 말 한 번 하지 못하는 못난 나를 무조건 감싸주시는 부모님께 죄송스럽기 그지없다.

며칠 전, 뉴스를 보는데 오토바이 사고 뉴스가 나왔다.

어머니는 그때 생각이 나셨는지 "오토바이는 앞으로 정말 타지 말아라."라고 하신다. 나는 "나도 이제 오토바이는 무서워서 못 타."라고 장난스럽게 대답했다. 아마 오토바이가 무서워서 못 타는 것 보다는 어머니의 가슴에 또 한번 상처를 낼까 두려운 마음이 더 컸던 것 같았다.

그 날의 잊지 못할 기억을 되새기며 항상 나를 향한 부모님의 무한한 사랑을 마음속에 품고 살아가야겠다고 오늘 다시 다짐한다.

어머니, 아버지 사랑합니다.

〈늘 푸른 나무처럼〉, 594mm×841mm, 양재용 작 ▶

강남대학교 시각디자인전공
제20회 졸업작품전
ALWAYS
PROTECT
AND GIVE
LOVE
TO ME
한 결 같 이 지 켜 주 는 사 랑
어머니, 아버지
사랑합니다.

26

오 소 이

미처 알지 못한 부모님의 무게

상업고등학교를 다니면서 취업을 준비하던 나는 2학년이 끝날 때쯤 앞으로의 진로에 대해 고민하기 시작했고 그동안 준비해오던 취업보다는 대학에 진학하고 싶어졌다. 어린 시절부터 미술을 좋아했기 때문에 디자인과에 가고 싶었는데, 실업계에서도 취업반이었던 나는 수학능력시험의 '수' 자도 몰랐을 뿐더러 입시 미술도 해본 적이 없었고 수학능력시험까지는 1년도 안 남은 시기였기 때문에 대학에 가려면 재수를 해야 할지도 모르는 상황이었다.

취업을 하면 남들보다 빨리 안정적인 직장을 가지고 가계에 도움이 될 수 있었는데 갑자기 진로를 바꾼다고 하면 혹시나 아빠가 실망하진 않으실까 며칠을 고민하다 어렵게 말을 꺼냈다. 내가 대학에 가고 싶은 이유와 앞으로의 진로에 대해서 함께 고민했고 아빠는 언제나처럼 나를 믿어주시고 나의 결정에 대해 응원해주셨다. 그렇게 미술을 시작하고 겨울방학 특강을 거쳐 대학에 합격할 때까지 부족한 형편에도 아빠는 나에게 부족함 없이 그리고 아낌없이 지원해주셨다.

지금 와서 생각해보면 당시의 나는 내 꿈만 생각했던 무모하고 철없는 아이였다. 매달 적지 않은 학원비와 재료비를 감당하기 위해 추운 날에도 더운 날에도 밖에서 고생하시는 아빠의 모습은 잊은 채 모든 걸 당연하게만 생각했었던 것 같다. 오히려 다른 친구들의 부모님들과 비교하며 불평만 할 뿐 아빠에게 고마운 마음을 전한 적도 없었다.

대학에 와서 여러 가지 아르바이트와 근로 장학생을 하면서 나름 사회생활이라는 것을 겪어보니 하루 종일 사람들을 상대하며 스스로 돈을 번다는 것

〈당신의 사랑〉, 841mm×594mm, 오소이 작

이 얼마나 어려운 일인지 깨달았고 아빠의 고충을 아주 조금은 이해할 수 있게 되었다. 내 용돈을 버는데도 이렇게 힘이 드는데 한 가정을 책임져야 하는 아빠의 책임감은 얼마나 무거우셨을까. 힘든 상황 속에서 나의 결정을 믿고 응원해주시는 일은 아빠에겐 생각보다 쉽지 않은 일이었을지도 모른다.

아빠는 우리 가족을 더 좋은 환경에서 살게 하기위해 즉, 더 좋은 음식을 먹고, 더 좋은 옷을 입고, 더 좋은 교육을 받게 하기위해 언제나 자신을 희생하시고 노력하시는데 나는 그 마음을 알면서도 모른 체하며 불만만 늘어놓았던 나를 반성하고 있다.

다른 사람들에게는 조금 더 친절하고 예의 있게 대하려고 노력하면서도 정작 가장 가까이에 계신 부모님에게는 늘 편하게만 대했던 것 같다. 마음속으로는 부모님께 잘해야 한다는 것을 알면서도 '조금만 더 커서 효도하면 되지' 라는 생각으로 실천하지 않았던 것이다. 그러다 작년 겨울 엄마는 일하시던 곳에서 사다리에서 떨어지는 사고를 당하셨는데 항상 곁에 계시던 부모님이 예상치 못한 순간 나의 곁을 떠날지도 모른다는 생각이 피부로 와 닿았다. 아픈 엄마의 모습에 그동안 왜 엄마와 많은 시간을 보내지 않았을까, 더 잘하지 못했을까라는 생각과 함께 무심하게 지나쳤던 지난 날 들을 후회하게 되었다.

예전에는 무엇이든 해결해주시는 슈퍼맨처럼 거대하게 느껴졌던 부모님의 모습이 어느새 나보다 작아졌다는 사실이 너무 마음이 아프다. 자신의 몸이 힘든 것 보다 언제나 나를 먼저 생각하시고 부족함 투성인 나의 모든 것을 보듬어 주시는 부모님의 마음을 아마도 나는 평생 알지 못할 것 같다.

27

윤 희 영

이제 느끼는 부모님의 사랑

부모님은 항상 내가 기쁘거나 아프고 힘들 때 곁에 있어주셨기 때문에 특별히 부모님과 관련된 이야기를 하나만 꼬집을 수가 없다. 나에게 부모님은 늘 곁에서 나를 이끌어주시고 지켜봐주시고 감싸 안아주시는 그런 소중한 분이다.

어머니는 나를 스물다섯 살, 즉, 지금의 나보다 겨우 한 살이 더 많은 나이에 나를 낳으셨다. 그때는 다른 부모님도 그와 같은 나이에 우리들을 낳았는지는 몰라도 나는 지금의 나를 보면 우리 부모님이 정말 대단하다는 생각이 든다. 스물다섯 살이면 그래도 아직 어리기만 한 나이인데 어떻게 나를 낳고 길렀을까라는 말이다. 지금의 어머니, 아버지를 보면 가끔 소녀, 소년 같기도 하고, 나보다도 마음이 약할 때도 많다는 걸 느낀다. 그런 부모님이 나와 내 동생을 이렇게 키우신 것을 보면 정말 부모님의 사랑은 대단하다고 느껴진다.

가끔 나는 내가 나중에 커서 아이를 낳으면 우리 부모님이 나에게 주신 사랑만큼 나도 내 아이들을 사랑을 줄 수 있을까 하는 생각을 종종 한다. 나는 부모님으로부터 받은 사랑이 크다 보니 아마도 그만큼 사랑을 못 줄 것 같다는 생각이 든다. 사춘기 때는 정말 남모르게 부모님 속도 많이 썩이고 신경질도 많이 냈었다. 무슨 일만 생기면 어머니, 아버지 때문에 다 이렇게 됐다고 하면서 부모님 탓으로 돌렸었다. 지금 생각해보면 부모님은 항상 같으셨는데 왜 그때는 어머니 아버지의 사랑을 몰랐을까 하는 생각이 든다.

사춘기 때 한창 외모에 대한 관심이 많이 생겨서 다이어트를 심하게 했었다. 밥도 안 먹고 거의 굶다시피 해서 부모님이 걱정을 많이 하셨다. 나는 부모님의 걱정을 뒤로 하고 계속 내 고집을 피우면서 다이어트를 했다. 그러다보니 부모님과의 싸움도 잦았고 사춘기 때라 신경이 예민해져서 신경질도 많이 냈었다. 무리한 다이어트 때문인지는 몰라도 점점 면역력이 떨어지고 몸이 안 좋

〈부모님의 큰 사랑을 보았습니다〉, 841mm×594mm, 윤희영 작

아져서 고등학교 한 학년을 휴학하게 되었다. 그리고 그때 어머니, 아버지가 많이 속상해 하시는 모습을 보았다. 아픈 것이 부모님께 얼마나 큰 아픔을 주는 일인지 크게 느꼈다. 그때 부모님이 나를 진심으로 걱정해 주셨고 큰 힘이 되어 주셨다. 그리고 '내가 부모님의 사랑을 정말 많이 받고 있구나.'라고 느낄 수 있었다. 언젠가는 내가 부모님을 보살피고 간병해야 하는 날이 올 것이다. 그 때 부모님이 내게 주신 사랑을 잊지 않고 우리 부모님이 나를 걱정해 주시고 아껴주셨던 것처럼 나도 부모님을 진심을 다해 돌보아 드려야겠다는 생각을 처음으로 진지하게 하게 되었다.

가끔 사람에 대해 회의감이 들 때는 정말 나를 진심으로 아껴주고 사랑해주는 사람은 부모님밖에 없다는 것을 새삼 느낀다. 부모님도 사회생활에서 많이 힘들고 속상한 일들을 겪으셨을 것이다. 그때 나는 부모님의 아픔을 들여다보고 위로해 준 적이 있었나 하는 생각에 부끄러워진다.

어머니, 아버지와는 친구처럼 말도 잘 주고받고 지내지만 아직 애정표현에는 많이 서툴러서 딸임에도 살갑지 못하고 "사랑합니다.", "감사합니다." 하는 말은 아주 어렸을 때 하고 커서는 한 적이 없다. 요즘 딸바보, 아들바보라는 말이 유행어로 심심찮게 쓰이는 것을 많이 들을 수 있다. 세상의 모든 부모님이 그럴지는 몰라도 적어도 우리 부모님은 나와 내 동생에게 딸바보, 아들바보가 되어주셨다. 그리고 앞으로도 그럴 것이 분명하다. 그동안 나는 부모님의 사랑을 받고만 자랐는데 나도 이제 부모님이 내게 주신 사랑만큼 앞으로 부모님을 사랑하고 부모님을 지켜주는 어머니, 아버지바보가 되고 싶다. 우리 어머니, 아버지 항상 건강하게 우리 가족 모두가 행복했으면 좋겠다.

어머니 아버지 사랑합니다.

28

이 기 림

나의 영원한 스승이자 벗

부모님은 어릴 때부터 나를 많이 챙겨 주시고 많은 사랑을 주셨다. 항상 언니랑 나를 보면서 서로 사이좋게 지내라고 얘기를 하셨기에 어쩌다 언니랑 둘이 싸우게 되면 혼도 많이 내시지만 혼이 나고 나서는 언제나 우리들을 안아주시곤 했다. 또한 정신적으로 많은 도움을 주셨다. 그래서 사람이 올바른 가치관을 성립하는 데 있어 가정에서는 부모의 역할이 가장 크다고 생각한다.

나는 특히 어머니에 대한 고마운 마음으로 인해 어머니를 닮아야겠다고 늘 생각하고 있다. 예의 바른 성품을 가지는 것, 긍정적인 사고방식, 근검절약하는 습관들은 많은 가치관 형성에 도움을 주셨다. 그러한 것이 성장하면서 나에게 많은 도움이 되었고 가르침을 주었다. 초등학생 시절 할머니께서 돌아가셨을 때 어머니의 눈물을 처음 보게 되었다. 학교에서 돌아와 어머니에게 인사를 드리러 갔는데 빨래를 하시면서 울고 계신 어머니의 모습을 보고 못 본 척 방 안으로 들어갔던 때가 생각이 난다. 내가 생각하는 어머니의 모습은 항상 강한 분이셨는데 눈물을 흘리시는 모습을 보게 되니 내 마음이 아팠다. 겉으로는 티를 안 내고 계셨지만 속으로 마음이 아프셨을 부모님을 생각하니 그때 미처 어머니의 마음을 헤아리지 못한 내 자신이 부끄럽고 죄송스럽기만 하다. 부모님은 자식들 앞에서 아픈 내색도 못하고 강한 모습만 보여주려고 하시는 것 같다. 자신보다는 자식을 먼저 생각하는 부모님의 마음에 대해 늘 감사하게 생각한다.

스물한 살, 성년의 날이 되었을 때 아버지는 정성스레 포장한 장미꽃 스무 송이와 향수를 사오셨다. 가슴 속엔 따뜻한 온정이 가득하시지만 늘 말없이 묵묵한 아버지가 내게 어떤 마음을 전달하고 싶으셨는지 그때는 미처 깨닫지 못했지만 쑥스러움을 감추고 나에게 선물을 주셨던 기억이 난다. 딸을 생각하며 선물을 고르신 아버지를 생각하니 따뜻한 사랑을 느낄 수 있었고 생각지도 못한 크나큰 선물을 평생 잊지 못할 것이기에, 아버지가 내게 사준 선물은 지금도 감사함으로 마음 속 깊은 곳에 간직하고 있다. 아버지와 사이는 좋지만 많은 이야기를 나누진 않았는데 그때는 아버지와 많은 대화를 한 것 같다. 아버지의 살아온 이야기를 들은 그때에 비로소 아버지를 이해하게 되었다.

언제부터였을까, 나는 아버지의 뒷모습에서 먹먹함을 느낀다. 뒤에서 조용히 걸으면서 아버지의 뒷모습을 바라보니 항상 나의 버팀목이셨던 아버지의 작아진 모습에 순간 마음이 뭉클해졌다. 부모님이 편찮으시거나, 무슨 일이 생기면 그 존재의 소중함을 일깨워 주는 것 같다. 건강히 곁에 계셔주는 것, 그 자체가 얼마나 감사한 일인가에 대해 생각하게 되었다.

따뜻한 사랑 속에서 자라 어느덧 스물다섯 살이 되었다. 속도 많이 썩이고 스물다섯 해를 살아오면서 부모님께 참 많은 것들을 받은 것 같다. 묵묵히 자식들을 위해 일하시는 부모님을 생각하니 가슴이 아려오고 철없던 나를 되돌아보게 되었다. 더 늦기 전에 조금씩 작은 것이라도 부모님을 위해 효도하고 부모님에 대한 고마움과 사랑하는 마음을 더 많이 표현해야겠다.

어머니, 아버지! 사랑합니다. 그리고 고맙습니다.

〈나의 등대지기〉, 594mm×841mm, 이기림 작

29

이 다 혜

엄마와 스마트폰

국내에서 스마트폰 사용자가 대중화의 기준점, 500만을 넘어선 것은 지난 2010년 10월의 일이다. 우리 가족 또한 어머니를 제외하고 모두 스마트폰을 쓰기 시작했다. 편리한 기능 덕에 대화와 소통의 기회가 늘었으며 가족 모임, 저녁 약속 등을 스마트폰을 이용하여 정하고는 하였다. 그러다 보니 스마트폰을 쓰지 않는 어머니는 늘 소외되기 마련이었고, 항상 약속이 잡힌 뒤에 따로 연락을 드려야 했다. 그러던 어느 날 어머니께서 드디어 스마트폰을 구입하기로 하셨다. 하지만 내가 걱정되는 것은 요즘 이슈가 되고 있는 스마트폰 중독이 아닌 스마트폰 사용 그 자체였다. 어머니는 연세가 50이 넘으신 후에도 전자기기(TV, 전자레인지를 제외하고)에 다가갈 생각조차 하지 않으셨던 분이기 때문이다. 어머니께서는 스마트폰을 장만하신 바로 그날 밤부터 사용

법에 대해 공부를 하기 시작하셨다. 전원을 켜는 법부터 시작해서 문자 쓰기, 어플 다운받기, 대화창 열기 등을 공부하셨다. 평소 저녁 8시만 되어도 잠자리에 드시지만 그날 밤은 늦게까지 사용법을 익히셨다. 우리에게는 너무나 다루기 쉬운 스마트폰이지만 어머니께는 너무나도 어려운 다른 세상의 물건이었고, 매일 저녁 가족들이 귀가하면 현관에서 신발을 미처 벗기도 전에 스마트폰에 대해 질문하시곤 하였다. 처음에는 드디어 어머니께서 스마트폰을 쓰신다는 생각에 즐거워하며 가르쳐 드렸지만 하루, 이틀이 지나 똑같은 것을 반복해서 물어보는 어머니를 귀찮아 한 적도 있었다.

배웠던 것을 잊어버리고, 배웠다는 사실조차 깜빡깜빡하시는 어머니. 왜 같은 것을 자꾸 물어보냐는 나의 질문에 어머니께서는 '너도 내 나이 돼봐.'라고 대답하셨다. 오른쪽 버튼을 누르라고 말씀드리면 왼쪽 버튼을 눌러버려 모든 걸 원상태로 돌려놓곤 하시던 어머니께 나는 점점 짜증이 나기 시작했고, 지치기 시작했다. 하지만 그렇게 어머니께 짜증을 내고 난 뒤 돌아서면 죄송한 생각 또한 들었다. 어머니께서는 나를 이십 년 넘게 가르쳐 주셨다. 웃어른을 대하는 법부터, 작은 버릇과 습관 하나하나까지 그 기나긴 시간 동안 마치 당연한 당신의 일인 듯 사랑으로 가르쳐 주셨다. 하지만 나는 왜 그 작은 것 하나 어머니께 해드리는 게 어려웠을까. 후회가 되고 어머니께 너무 죄송스럽다.

그러던 어느 날 아버지께서 메신저에 어머니를 초대하셨다. 늘 우리 세 가족만 쓰던 대화방에 어머니께서 드디어 들어오신 것이다. 처음 어머니의 채팅은 오타가 많고, 물음표와 느낌표를 반대로 사용하셔서 의미를 파악하기 너무 어려웠던 적이 많았다. 하지만 대화창에 올라온 어머니의 글을 보면 신기하고 뿌듯하기도 하였다.

이제는 반복되는 오타에 지치셨는지 간략한 이모티콘emoticon을 배워 말씀 대신 이모티콘만으로 감정표현을 하곤 하신다. 현재 어머니는 다른 기종의 스마트폰을 구입하게 되어 다시 혼란을 느끼고 계신다. 나는 이번 기회에 지난번의 죄송함과 후회를 조금이나마 사죄드리고자 천천히 하나하나 기쁜 마음으로 가르쳐드릴 생각이다.

나이를 먹어가며 부모님에 대한 죄송한 마음과 감사하는 마음이 점점 더 커져가는 것 같다. 하지만 여전히 속마음과는 다르게 나오는 나의 행동에 속상할 때가 많다. 나의 철없는 행동에 어머니 얼굴에 하나, 둘 늘어가는 잔주름을 바라보면 마음이 아프지만 이제는 당신의 사랑에 감사드리며 잔주름 하나하나를 나의 사랑으로 메꿔 드리고 싶다. 어머니, 사랑합니다.

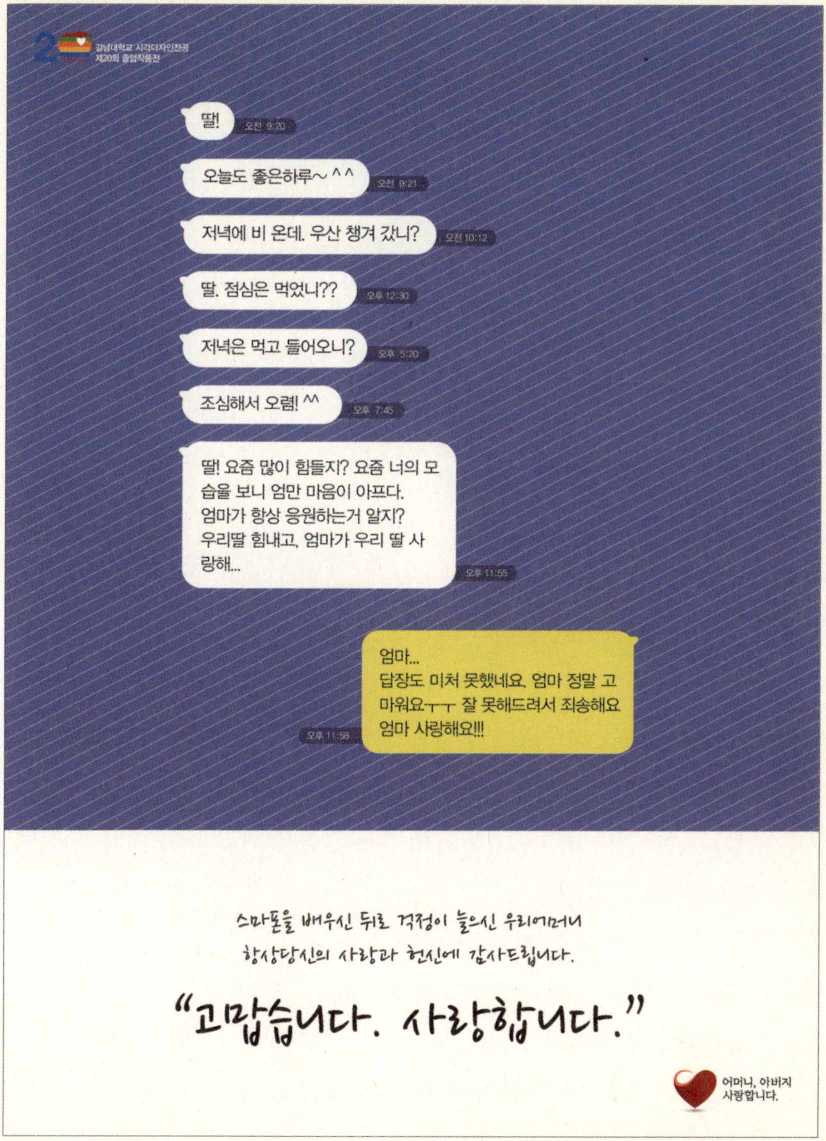

〈엄마의 문자〉, 594mm×841mm, 이다혜 작

30

이 자 람

이기적인 딸

아침 7시가 되면 어김없이 들려오는 엄마의 목소리는 잠 많은 나를 깨우는 최고의 알람소리였다. 한 번 부르면 깨어날 내가 아니었기에 엄마는 아침부터 큰 목소리로 날 몇 번이고 부르곤 하셨다. 그렇게 일어나서 씻고 나오면 따뜻하게 차려진 밥상이 항상 날 맞이했었다. 다른 가족들은 차려 준대로 잘 먹었지만, 입이 짧은 나는 자주 반찬투정을 했었고, 엄마는 그런 내가 밥을 안 먹을까 봐 먹고 싶은 반찬을 다시 만들어주시곤 하셨다.

벌써 4년 전 일들이다. 대학생활을 위해 자취를 시작한 지금의 나는 알람을 5분 단위로 열 개씩 맞춰도 잘 일어나지 못하고, 매일 인스턴트 음식에 집 밥이 그리워 백반 집만 찾아다니게 되었다.

나는 4남매 중 중간에 끼어있어 많은 혜택도 못 받고 하고 싶은 대로 못 살았다고 생각했었다. 하지만 지금 생각해보면 하나부터 열까지 부모님은 항상 내가 하고 싶은 대로, 내가 원하는 것만 해 주셨다. 그러나 나는 어리석게도 항상 불평만 했었던 것 같다.

지금의 나는 엄마보다 키도 훌쩍 커버리고, 크게만 느껴졌던 아빠의 어깨는 어느새 나와 비슷해졌다. 학년이 높아지고 나이가 들수록 부모님을 이해할 수 있게 되었고, 서로 이야기를 할 수 있는 주제의 폭도 넓어져서 좋지만, 어느새 점점 작아지는 부모님을 볼 때면 마음이 씁쓸해진다.

요즘은 어렸을 적 부모님이 나를 걱정하던 생각들이 점점 나의 생각이 되어간다. '아픈 곳은 없는지', '밥은 잘 드셨는지', '오늘은 무엇을 하셨는지', '외출할 때 빠트린 물건은 없으신지' 이러한 생각들이 나도 모르게 자연스럽게 생겨났다. 정말 신기하다.

벌써 스물세 살, 대학교 4학년인 나는 졸업을 앞두고 있는 시점에서 옛날엔 모르고 지나쳤던 부모님에 대한 다양한 감정들을 지금에서야 조금씩 느끼고 있다. 나조차 모를 정도로 아주 자연스럽게 말이다. 감사했고 감사하고 감사해야할 감정들이다.

나는 태어나서부터 지금까지 부모님께 받은 것이 너무 많다. 어디 하나 크게 아프지 않게 잘 낳아주시고 키워주신 것에 감사하고, 외롭지 않게 크게 해주시고, 언제나 내편인 가족들이 많다는 것에 감사한다. 또 부모님의 예술적 재능을 물려받아 이만큼 공부할 수 있는 환경을 만들어 주신 것도 감사하다.

이렇듯 항상 난 받기만 했다. 그래서 부모님께 드리는 방법은 잘 모른다. 항상 입으론 부모님께 호강을 시켜드린다고 말하지만 무엇을 해드려야 좋은 것인지 알지 못한다. 아마 나는 부모님이 우리에게 주신 만큼의 반도 못 드릴 것이다.

하지만 어느 자리에 있든 성실히 잘하고, 내가 하는 일이 잘 풀리며, 형제자매끼리 우애 깊게 지내는 것이 부모님을 기쁘게 해드리는 거라 생각한다. 이런 마음을 충족시키기 위해서라도 나는 더욱더 성숙한 사람이 될 것이고, 열심히 살 각오로 사회에 첫 발을 내딛을 것이다. 바로 지금부터 받기만 했던 것들을 조금씩 돌려드려야겠다.

더 바람이 있다면 아주 이기적인 마음이지만 나는 받는 법밖에 모르기 때문에 다음에 태어나도 우리 집, 우리 가족, 우리 부모님의 딸로 태어나고 싶다. 항상 시끌시끌하고 무뚝뚝해서 사랑한다는 말도, 스킨십도 없지만 서로를 사랑하고 있다는 것을 너무나도 잘 알고 있기 때문에 엄마와 아빠의 딸로 다시 살고 싶다.

이기적인 딸이라 해도 엄마, 아빠 너무 사랑합니다. 그리고 감사합니다.

〈어느새 커버린 나〉, 841mm×594mm, 이자람 작

31

이 혜 민

사랑이 왔어요

4년 전부터 대학진학으로 인해 학교 근처에 자취를 시작하면서 지금까지 여수에 사시는 부모님과는 많아야 1년에 3~4번 얼굴을 마주한다.

부모님께서는 내가 여수에 내려갈 때마다 엄마가 차려준 음식을 맛있게 먹는 걸 지켜보시는 것만으로도 무척 흐뭇해하신다. 그런 마음을 잘 알기에 친구들과의 약속도 식사 시간은 피해서 밥은 꼭 집에서 부모님과 함께 먹는 버릇이 생겼다.

그렇게 잘 먹여 보내고도 자주 보지 못하는 아쉬움을 대신하듯 엄마의 마음이 담긴 택배가 자주 우리 집에 도착한다. 한 번은 엄마표 들깨 된장국이 왔는데, 약간 시큼한 냄새가 났다. 그 된장국을 만들려면 얼마나 손이 많이 가는지 어릴 때부터 봐와서 잘 알고 있다. 몸에 좋다는 재료도 듬뿍 넣고 들깨를 믹서에 갈고 물을 붓고 채에 거르고 또 이렇게 저렇게 만든다는 것을 알고 있기 때문에 차마 버릴 수 없었다. 나는 이 된장국을 먹고 배탈이 나는 한이 있어도 다 먹어야 한다고 생각했다. 시큼한 냄새가 나는 그 된장국을 냄

비에 팔팔 끓이니 냄새가 모두 날아가고, 다행히 맛있게 먹고 아무 탈이 없었다. 아마도 엄마의 따뜻한 정성을 먹는다고 내 자신에게 최면을 걸어서 그런 것이 아닌가 생각된다.

엄마는 좋은 걸 먹이고 싶어서 작은 것 하나하나까지 챙겨주신다. 텃밭에서 손수 씨를 뿌리고 기르신 싱싱한 채소들을 커다란 상자에 어디 한 군데 빈틈없이 꽉꽉 채워 넣었으면서도 아마 엄마는 '뭐, 더 줄 것 없나?' 하며 상자가 작은 것을 안타까워하셨을 것이다. 택배가 도착한 날. 상자를 받아 엄마가 겹겹이 넣어 꽁꽁 묶은 것들을 하나하나 풀어 볼 때마다 가슴이 콱콱 막혀 어쩔 줄 모른다. 보내온 엄마의 사랑이 내 가슴에 담기가 너무 벅차서이기 때문이다. 쌀부터 시작해서 고추장, 된장, 참기름, 감자, 양파, 마늘, 밑반찬까지, 심지어 국을 보낼 때는 냉동실에 꽁꽁 얼려 아이스박스에 넣어 보내주신다,

주말 저녁, 비가 내렸다. 한동안 비가 없어 땅이 말라 있었는데, 비가 온다며 두 분은 무척이나 좋아하셨다. 내일은 땅이 촉촉하니 거름을 주면 물을 따라

땅에 잘 스미겠다며 고추밭에 거름을 줘야겠다고 말씀하셨다. 그렇게 꼼꼼히 그리고 꽉꽉 눌러 담아 당신들 사랑을 보내신 것이다. 그러고나서 엄마, 아빠 두 분이서 돌아가면서 전화를 하셨다. '잘 받았니?', '채소가 무르지는 않았니?' 염려하시면서 말이다. 그런 두 분의 사랑이 너무 커서, 결국은 잠깐 멍하니 앉아 눈물을 흘리고 말았다. 그저 엄마가 어떤 마음으로 나를 키웠을지 알기 때문이다. 내가 어떻게 해야 그 사랑을 다 갚아 드릴까? 하나라도 더 자식에게 주고 싶어 조바심 내는 그 마음에 항상 부족하기만 한 딸이기에 엄마, 아빠의 손길은 언제나 못난 딸의 눈시울을 뜨겁게 적시고 있다.

그렇게 지금까지 내가 하는 일에 긍정적이고, 나에게 힘이 되어주신 두 분께

〈당신의 마음-1〉, 841mm×594mm, 이혜민 작

전하고 싶다. 힘들고 지친 모습 없이 항상 저에게 든든하게 옳은 길, 바른 길로 지도해 주시고 버팀목이 되어 주시는 아빠. 내가 집에 내려갈 때마다 본인 아픈 몸보다 밥 한 끼 더 먹이는 것을 중요하게 생각하시는 엄마. 우리 엄마, 아빠의 딸로 태어나 너무너무 행복합니다.

나중에 시간이 흘러서 백발이 된 부모님의 나이는 단순히 살아온 해를 말하는 것이 아니라 우리를 사랑해 준 마음의 크기라는 것을 절대로 잊지 않겠습니다.

엄마, 아빠! 이제 두 분의 크나큰 사랑에 보답하는 딸이 되겠습니다. 사랑합니다!

〈당신의 마음-2〉, 841mm×594mm, 이혜민 작

32

전 계 영

작은 꿈

누구에게나 작은 꿈이 있습니다.

어느 날 나에게도 그 작은 꿈이 생겼습니다. 그 소중한 꿈은 작고 작아서 손 대면 깨질 것 같아 소중히 다뤘습니다. 그런 꿈은 무럭무럭 자라서 하나둘씩 배우고, 실패도 경험하면서, 상처도 나고 흠집도 났습니다. 하지만 그 꿈이 무너지지 않고 밝고 예쁘게 커나가길 기도하며 지켜봤습니다. 가끔은 마음대로 자라주지 않는 꿈에 속상하기도 했지만 다시 쑥쑥 바르게 자라주는 꿈이 신기하고 기특했습니다.

그리고 그 꿈이 더 멋지게 커나가길 바랬지만 세상은 여의치 않았습니다. 형편이 어려워지고 힘들어 그 꿈을 온전히 지키려는 바람이 무너지는 상황이 왔었습니다. 그럼에도 난 꿈을 놓지 않았습니다. 그런 어려운 상황에도 꿈을 항상 우선시하고 부족함 없이 키웠습니다. 꿈이 잠시 흔들렸지만 다행히 무너지지 않고 더 예쁘게 커주었습니다. 행복했습니다. 힘들고 어려운 세상을 사는데 가장 큰 위로고 낙樂이였습니다. 그 꿈이 더 커서 목표에 다가가고 당당한 모습으로 커주는 모습에 감사했습니다. 하지만 돌이켜보면 더 커 나아갈 수 있었을 내 꿈에게 미안했습니다. 형편이 나아지면 다시 어려워졌고 내 몸도 건강에 문제가 생겼습니다. 그 상황에도 내 꿈은 더 힘을 내라며 오히려 나를 응원해주었습니다. 그런 내 꿈을 보면 미안함과 고마움에 눈물이 앞을 가립니다.

이렇게 어려운 상황에도 이렇게 밝고 멋지게 자라준 내 꿈은 내 최고의 자랑거리입니다. 그 최고의 자랑거리가 더 큰 꿈으로 나아가는 도약을 준비한다고 합니다.

도약을 앞둔 출발선에서 꿈은 불확실한 미래에 겁을 내면서도 더 크게 나에게 보답해주려는 기특한 생각을 합니다. 하지만 그 기특한 생각은 그 어깨에 너무 무거운 짐이 아닐까 걱정스럽습니다. 난 그저 더 큰 보답보다는 잘 살아나가는 모습이면 되는데 말입니다. 그 부담감을 내가 만들어 준 것 같아 마음이 좋지 않은 요즘, 세상은 더 각박해지고 더 살아가기 힘들어지고 있습니다. 그런 세상에 의욕이 사라진 듯한 내 꿈이 안쓰럽습니다.

그 꿈에게 내가 할 수 있는 건 힘을 내라고 응원하는 것밖엔 없다는 게 너무 힘듭니다. 하지만 그 한마디 한마디를 듣고 힘을 내고 그 말에 나에게 고민을 말하며 초롱초롱 빛을 내는 내 꿈이 너무 고맙습니다.

그런 꿈에게 난 오늘도 이야기 합니다. "딸아, 지금까지 잘해왔으니 걱정 말고 더 크게 날아가라. 너는 내 자랑스러운 딸이니 잘할 수 있다. 사랑한다. 내 딸아."

제가 그런 부모님의 작은 꿈, 자랑스러운 꿈입니다. 더 큰 꿈으로 거듭나겠습니다.

어머니, 아버지 사랑합니다.

〈부모님의 열매〉, 594mm×841mm, 전계영 작

33

정 연 정

따뜻한 잔소리

부모님. 부모님이라는 단어를 되짚어보니 찔리는 구석이 있는지 갑자기 마음 한구석이 불편해집니다. 일상을 돌이켜보면 아침에 일어나서 집을 나가고 들어와 다시 잠자리에 들기 전까지 한 번도 부모님께 따뜻하게 내 마음을 표현해본 적이 없습니다. 이런 자식 뭐가 그렇게 예쁘다고 부모님은 아침부터 저를 걱정하고 생각하며, 따뜻한 한마디를 해주십니다. 이를 나는 잔소리라고 부릅니다. 전부 나를 위해 해주시는 말씀이라는 것을 너무 잘 압니다. 그렇지만 그 순간은 듣기 싫은 마음만 앞섭니다. 어릴 적에는 울컥하는 마음에, 되레 소리 지르고 나온 적도 많았습니다. 그때는 그저 듣기 싫고 피하고 싶은 잔소리로만 들렸습니다.

어린 시절, 잔병치레가 많아 부모님께서 걱정이 많으셨습니다. 뿐만 아니라 덜렁거리는 성격 때문에 이곳저곳 여러 군데 잘 부딪히고, 넘어져서 지금도 팔다리에 상처가 한두 군데가 아닙니다. 다치거나 무슨 일이 있을 때, 철없는 딸은 듣기 좋은 위로만 기다립니다. 그러나 우리 무뚝뚝한 아빠는 꿀밤을 하나 주시면서 따가운 눈빛으로 묵묵히 상처를 치료해 주십니다. 그리고 상처가 잘 아무는지 매일 불러 확인하십니다. 당연히 잔소리는 빠지지 않습니다. 그때마다 못나고 어린 저는 귀찮고 듣기 싫어 자리를 피해버렸습니다. 어린 마음에 아픈 것도 서러운데 부모님께 잔소리까지 듣는 것이 그렇게도 싫었나봅니다. 그러나 지금은 귀찮기만 했던 잔소리가 따뜻하게 들립니다.

대학교에 들어와서 세상을 바라보는 시야가 넓어지기 시작했을 때, 어느 날 아빠의 어깨를 본 적이 있었습니다. 듬직하고 높기만 하던 아빠와 내 어깨가 나란해지고 나니 아빠도 남들과 크게 다를 것이 없는 일반적인 가장이라는 것을 깨달았습니다. 어린 시절, 내가 원하는 것, 필요한 것 모두 다 들어주시고 조금은 무섭지만 듬직하시던 모습은 온데간데없이 내가 알던 아빠의 모습이 아니었습니다.

무뚝뚝한 아빠와 달리 엄마는 항상 저를 주시하시며, 제가 미루고 있는 일을 서두르라며 하루가 멀다 하고 잔소리를 하십니다. 엄마가 잔소리를 할 때마다 못난 딸은 알겠다며 신경을 날카롭게 세웁니다. 그리고 뒤돌아 바로 후회를 합니다. 이렇게 매일 다짐과는 다른 후회만 반복합니다. 이런 딸의 마음을 아시는지, 엄마는 항상 내가 어디 불편한 것은 없는지 들여다 봐주시고, 힘들 때마다 다독여주십니다. 이처럼 평생을 엄마라는 이름으로 내 옆에 계셨기에, 나는 엄마도 여자라는 것을 망각하고 살고 있습니다. 엄마는 나보다 먼저 많은 것을 경험해서, 나의 부족함에 대하여 잔소리만 하시는 엄마가 아닌 순수하고 여린 한 여자였습니다. 엄마는 내가 바쁘다고 대답을 건성으로 하면 상처 받고, 말하지 않으면 궁금해서 이런저런 것들을 상상하며 나를 떠보기도 하고, 작은 표현에도 너무나 좋아하십니다. 과제한다고, 친구랑 논다고 자주 함께 시간을 보내지 못해 죄송하기만 합니다.

지금은 무슨 일이 있든 없든 두 분에게 어리광을 부리며 먼저 옆에 다가가서 앉습니다. 그리고 역시나 내게 주시는 따뜻한 잔소리에 웃으며 고개만 끄덕입니다. 이제는 부모님의 사랑표현이 바로 우리가 말하는 잔소리라는 것을 잘 압니다. 이십사 년 동안 내가 깨달은 부모님의 사랑은 고작 이것이 전부입니다. 두 분의 표현을 알게 되었고, 내가 표현해야 한다는 것도 알게 되었지만 여전히 표현은 서툽니다. 대학생활 끝자락에 서서 보니, 부모님이 잔소리하시며 내게 보여주고 싶어 하시던 세상은 생각보다 여러 가지 색상으로 다양하게 펼쳐져 있었습니다. 그리고 이제야 조금씩 부모님이 나를 얼마나 아끼고 사랑하는지를 알게 되었습니다. 이렇게 말은 거창하게 하지만 여전히 부끄러운 작은딸이 용기 내어 불러봅니다.

엄마, 아빠! 사랑합니다.

〈두 분의 사랑, 잊지 않겠습니다〉, 841mm×594mm, 정연정 작

34

정 윤 주

그 누구도 깊이를 알 수 없는 사랑

초등학교, 중학교, 고등학교 때 엄마를 많이 속상하게 한 기억들이 있다. 담임선생님께 연락도 하고 학교에 방문까지 하셔서 상담까지 받을 정도로 많은 걱정을 끼쳤다. 지금 생각해보면 그땐 내가 다른 친구들에게 말을 먼저 걸기도 싫었고, 먼저 나에게 말을 걸어주길 바랬었다. 적극적이지 못하고 엄마가 원하는 길로 안 가고 엉뚱한 행동만 했었다는 생각이 든다. 키가 작아 비싸게 약을 지어주셨는데 먹기 싫어 매일 버리고, 아무리 초등학교 입학한지 얼마 안 되었다 하더라도 수업 도중에 엄마가 수업하시는 교실 교탁 밑으로 들어가며, 가족들이 말하는 질문에 대답도 잘 안했으니 엄마가 얼마나 속상하셨을까 하는 생각이 들자 후회와 함께 내 마음 또한 아프다. 사람이 아픔만큼 더 성숙해진다는 말처럼 지금은 훨씬 더 성장 했을 거라고 내 자신을 믿는다. 매번 어버이날이 되면 선물을 어떻게 드려야 할지 몰라 현찰로 드려 이번 어버이날에 전화를 드려 "엄마, 요번 어버이날 때 뭐 받고 싶은 거 있으세요?" 하고 여쭤 보았다.

"윤주랑 규서가 자기 할 일 잘해나가면서 하나하나 발전해가고 좋은 소식을 들려주는 게 선물이야."라고 말해 주신 게 떠오른다.

솔직히 아직도 기억나는 어릴 적 부모님은 서운함의 존재였다. 부모님이 맞벌이라 돌봐주시는 아주머니가 밤늦게 집으로 돌아가면 동생과 가끔 단둘이 있던 시간이 많았다. 운동회에 다른 친구들은 부모님과 돗자리를 깔고 김밥을 먹었지만, 나랑 동생은 돌봐주시는 아주머니와 같이 밥을 먹던 것들이 그때 당시에는 다른 친구들에게 창피하면서 부러웠다.

2002년 월드컵으로 뜨거운 여름을 지내고 있을 때 우리 부모님께서는 나로 인해 캐나다로 유학을 가기로 큰 결정을 내리셨다.

내가 학교에서 너무 힘들어 하고 적응을 못 하는 것 같아 한국 학교에서 캐나다 밴쿠버에 있는 학교로 전학 가서 생활하였고, 잠깐이었다고 생각되는 18개월 동안의 캐나다에서의 생활은 지금 나에게 있어 얼마나 소중하고 행복한 시간이었는지 아직까지 하늘 위에 날아다니는 비행기만 보아도 생각이 난다.

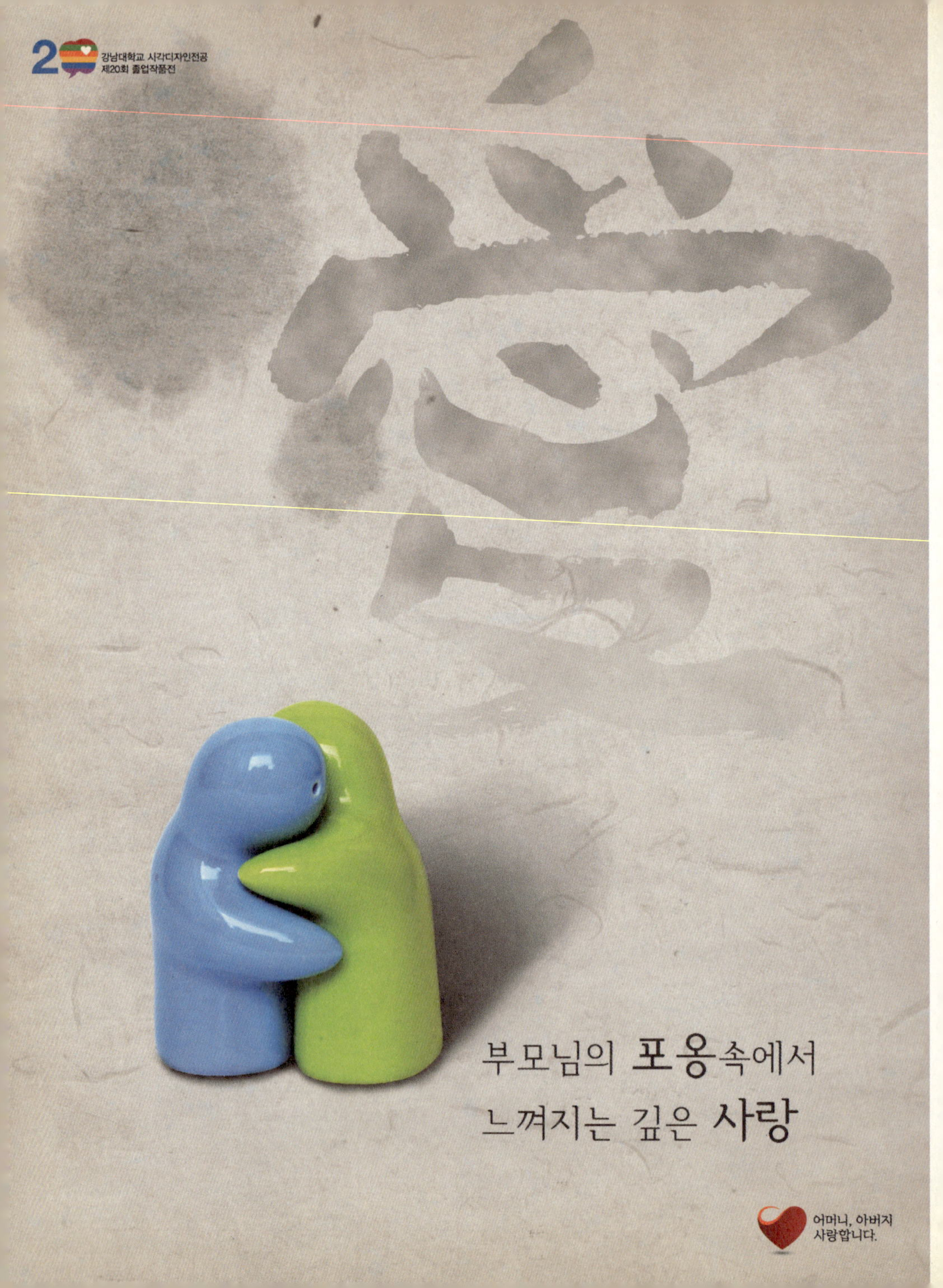
강남대학교 시각디자인전공
제20회 졸업작품전
愛
부모님의 포옹속에서
느껴지는 깊은 사랑
어머니, 아버지
사랑합니다.

매 주말마다 가족끼리 놀러 다니고, 한국에서 아빠가 오셔서 가족끼리 여행도 다니고, 키가 작았던 내가 폭풍성장하면서 입이 트여 편식도 사라졌다. 직접 나무로 시계와 액자를 만들고, 영어를 잘 모르더라도 같이 반 친구들이랑 뛰어놀았었다. 매일 아침마다 어린이 만화프로그램을 보며 학교 갈 준비를 했었고, 한번은 자판기에서 나온 25센트가 기존에 있는것보다 특이하여 그 후 모으기 시작한 것이 20개가 넘어 아직까지 소장하고 있다.

가장 재미있었던 기억은 캠프에 가서 비누를 사용하여도 거품이 안 생겨서 이상했었는데 알고 보니 데오도런트(deodorant, 탈취제로 겨드랑이에 뿌리는 것)였던 것이다. 영어를 몰라 잘못 사용하였지만 지금은 추억이 되어 동생과 함께 그 시절을 생각하며 웃는다. 매일매일이 행복했었는지 글을 쓰면서 파노라마처럼 스쳐지나간다. 어떻게 보면 다른 사람들은 외국에 그리 오래 있었던 것도 아닌데 뭐가 소중한지 이해가 안 되겠지만, 나에게는 소중하고 큰 자산이 되었다.

한국에 오니 중학교 생활에 적응이 안 되고 다 아이들에게 인식도 안 좋게 보여서인지 여러 가지 힘들었고, 꼬리에 꼬리를 물어 고등학교 때까지 이어지면서 친구들과의 관계가 커져 자퇴까지 생각하였고, 엄마의 눈에서 눈물이 나게 만들었었다. 공부를 잘 하지도 못하면서 또 재수하겠다고 걱정 끼쳐드리고……. 아직까지 엄마에게 표현을 잘 못하지만 무조건 나를 믿어주시고, 늘 보살펴 주셔서 감사드린다. 하나밖에 없는 딸인데 애교도 잘 못 부리고, 아직도 필요한 것이 있을 때만 전화하는 나는 크려면 아직도 먼 것 같다.

지금까지는 험난하고 힘든 유년 시절을 보냈다면 이제부터는 엄마의 기대에 부응하는 사랑스러운 딸이 되어야겠다. 사랑해요, 엄마

◀ 〈포옹 애[愛]〉, 594mm×841mm, 정윤주 작

35

정 인 원

보통 아버지

사람이라면 이상적인 삶을 살기 위해 공부를 하고 운동을 하는 등 자기관리를 통해 그 수준에 맞춰간다고 생각한다. 이상적인 삶을 살기 위해 제각기 다른 우리들은 어떠한 노력을 하고 있을까? 최고가 되기 위해 그 이상을 꿈꾸는지? 아니면 꿈조차도 갖고 있지 않고 하루를 무의미하게 살고 있는지? 나는 그 최고가 아닌 최선을 통해 평범한 삶을 살고 싶어 노력하는 사람 중에 하나이다. 큰 욕심 없이 누구나 하는 그 어떤 것을 부족함 없게 하는 그런 사람, 내가 이러한 생각을 갖게 되기까지는 아버지의 영향을 많이 받았다고 생각한다.

흔히 평범하게 사는 것이 제일 어렵다는 말이 있는데 이에 도전하게 된 나의 계기는 지금부터 아버지 덕분이라고 말하고 싶다.

나의 아버지는 1959년 5월 전라남도 강진 출생으로 7남매의 막내로 태어나 초등학교 4학년 때에 할아버지가 돌아가시고 가난하게 사셨다. 현재는 안양성모병원에서 원무부장으로 근무하시고 어머니와 누나, 그리고 나 이렇게

4명의 가정에서 평범한 가장으로 그 역할을 다하고 계신다. 약간 과묵한 성격이지만 유머가 많이 있으셔서 주위 사람들과 유대관계가 좋고 무엇보다도 예의가 바르다고 생각한다. 특히 정직하신 모습이 내가 정말 본받고 싶은 장점이다. 평소에 향우회며 산악회에 회장의 임무로 중요한 역할을 맡아서 모임으로 인한 술자리가 많아 집에 늦게 귀가하는 경우가 많으나, 그래도 다음날 별 탈 없이 출근하시고 하루하루를 열심히 임하시는 모습이 나는 너무 존경스럽기만 하다. 또한 내가 잘못했을 때에는 감정적으로 화를 내시기보다는 다음부터는 하지 말라는 충고와 올바르게 행동하게끔 이끌어 주시고 퇴근하시면 주기적으로 집 근처에서 간식을 사주시는 등 어렸을 때부터 맞벌이를 하시는 부모님의 부족함을 채우기 위하여 지속적인 대화와 앞으로의 올바른 길을 제시하신다. 그리고 생활 습관은 매우 검소하신 지극히 평범한 모습이 내 눈에는 너무나 멋지고 자상한 아버지라고 생각한다. 그리하여 내가 어렸을 때부터 아버지의 말과 행동은 본받기에 충분했고 일종의 진리라 여기게 되었다.

내 친구들은 아직 이십대 중반이지만 아버지를 여의고 살아가는 친구들이 꽤나 있다. 거의 건강이 약해지거나 사고로 잃었는데, 그러한 사실을 듣게 되면 나는 마음이 너무 아파온다. 건강을 유지하는 것, 부지런하고 자기관리에 꾸준하다면 건강해질 수 있다고 생각하는데 대부분 그렇지 못한 경우가 많았다. 우리 아버지는 주말에 비가 오나 눈이 오나 등산을 가신다. 대한민국에 있는 산 반 이상은 올라가셨을 정도로 등산을 좋아하신다. 또 잦은 술자리에도 불구하고 자기 주량에 맞추려고 노력하시고 자주 마셨다 싶으면 집에서 휴식을 취하는 바른생활을 하시는 분이시다. 그리고 나는 지금까지 아버지께서 담배를 피우시는 모습을 본 적이 없다. 그래서인지 내가 담배를 피우지 않는 것도 아버지를 닮은 듯하다. 나와 아버지를 보면 외모에서 닮은 부분은 짙은 눈썹정도뿐이고 대부분 어머니를 많이 닮았다. 그렇지만 어머니께서는 내가 하는 짓이 꼭 아버지와 똑같다고 말하시며, 걸음걸이를 보면 아버지를 보는 것 같다고 하신다. 나도 나이가 들어가면서 여러 가지 생활 습관이나 버릇이 생겼는데 TV를 볼 때나 물을 마실 때, 자고 일어날 때, 내가 하는 행동에 흠칫 놀랄 때도 많다. 마치 복제 인간처럼 아버지를 닮아버린 내가 신기해서 그런가 보다.

그렇다. 나는 점점 아버지를 닮아가고 있었다. 행동에서부터 습관까지 모두 아버지처럼 되어가고 있었다. 어렸을 때부터 마르고 살도 잘 찌지 않는 약체가 되기 싫어 운동을 자주하는 편이였고 몸에 해롭다는 것을 최대한 자제하고 자기관리의 중요성을 매일 되새기고 있다. 주위 사람들과 사이좋게 지내려 노력하고 아버지처럼 정직하고자 정말 진실하게, 올바르게 살아가려 노력하고 있다. 이렇게 아버지를 닮았음에도 나는 지금 스스로를 부끄럽게 생각하고 있다. 그 이유는 아직까지 게으르고 어떤 일에도 쉽게 지쳐버리는 내가 너무 한심하기 때문이다. 그래도 아버지와 같은 멋진 남자가 되기 위해서 나는 정말 노력할 것이다. 나는 커서 결혼하고 자식을 낳으면 아버지와 같은 아버지가 되는 것이 내 간절한 꿈이기도 하다.

〈데칼코마니〉, 841mm×594mm, 정인원 작

36

정 회 란

만각[晩覺]

우리는 부모님이 있기에 존재한다. '자식 이기는 부모 없다.' 이 말이 내포하는 것은 그만큼 부모님의 사랑이 크고, 우리가 부모님을 사랑하는 것과 비교할 수 없다는 말이다. 과연, 우리는 부모님의 희생과 사랑을 다 보답해드릴 수 있을까요? 나는 어릴 적, 스무 살이 되면 성인이라서, 뭐든 컨트롤할 수 있는 나이라고 생각을 했었다. 막상 대학에 처음 들어왔을 때, 가족들과의 약속보다 친구들과의 약속을 더 중요하게 생각하고, 어떤 특별한 상황과 중요한 자리에서 어떻게 행동해야 하는지 잘 몰라서 피하기만 했던 철부지였다. 하지만 내가 스무 살이 되고 시간이 더 흘러 지금 스물네 살이 된 후에 스무 살 때의 나는 성인이 되었다기보다, 여전히 어리고 철부진 나였다는 것을 깨달았다. 엄마는 스물두 살이라는 나이에 나를 낳으셨다. 그런데 나는 뱃속에서 쉽게 나오지 않았다고 한다. 그래서 제왕절개라는 수술을 할 수 밖에 없었고, 첫째인 내가 수술로 태어나 동생들도 그렇게 태어날 수밖에 없었다. 엄마의 배에는 내가 남긴 흉터가 크게 자리 잡고 있다. 엄마는 자신이 가장 예쁜 나이 20대 초반에 우리들을 키우시며 자신의 청춘을 바쳐버린 것이다. 그만큼 엄마는 누구보다도 강하면서도 반면에 상처도 많다. 나에게는 항상 강한 모습만 보여주려고 하지만 엄마는 아직도 순수함 그 자체라는 것을 나는 잘 알고 있다. 그래서 엄마를 이토록 사랑하는지도 모른다.

아빠는 엄마와 나이 차이가 8살이 나고, 비록 집안사정 때문에 원하던 대학을 나오지 못하셨지만, 자식들을 위해서 항상 열심히 일하고 계신다. 사실 나는 아빠가 성공한 사람들 중에 하나라고 생각한다. 아빠는 3개의 사업을 운영

하고 계시기 때문에 그만큼 바쁘고, 정말 시간이 없으시다. 심지어 일요일에도 쉬는 걸 본 적이 없다. 이제는 나와 내 동생들 셋이 다 성인이 되고 나니, 아빠는 어느 순간부터 자식들이랑 어색하고 멀어져간다는 것을 느끼시는가보다. 그래서 아빠는 요즘 인터넷에서 유행하는 것은 무엇이고, 우리들이 좋아하는 것은 무엇인지를 찾아보고 우리에게 항상 대화를 시도하신다. 할아버지께서 워낙 보수적이고, 남아선호사상이나 가부장적인 생각이 강해서, 가끔 서운할 때도 정말 많지만 그래도 아빠는 가족에 대해서는 정말 무슨 일 보다 중요하게 생각하고 있다고 느낀다.

이제 대학 졸업을 앞두고 사회로 나가야 되는 이 시점에서 생각해 보면 엄마와 아빠는 항상 나를 위해 이만큼 희생하시고, 노력하셨지만, 나는 스무 살, 스물 한 살의 대학생활을 너무 헛되게 보냈다고 생각한다. 이제부터라도 조금은 더 나아진 모습을 보여드리려고 항상 노력 중이다. 앞으로 졸업 후 더욱 멋진 딸이 되어서 엄마 아빠에게 다 갚진 못할 사랑을 조금이나마 돌려드리고 싶다.

〈모순[母純]〉, 594mm×841mm, 정회란 작

자식이 자라서 어버이의 은혜에 보답하는 효성

-반포지효[反哺之孝]-

37

정 희 정

어머니의 희생

생각해보니 부모님 생신과 어버이날 편지를 쓸 때를 제외하고는 어머니라는 단어를 사용한 적이 없는 것 같다. 나는 아직 철부지 딸일지 모르지만, 어느 순간부터 부모님에 대한 걱정이 자꾸 늘어가는 것을 보니 이제 슬슬 철이란 것이 드는 모양이다.

어머니는 평범한 전업주부이다. 요즘 맞벌이가 늘어나고 있지만 나는 어머니께서 챙겨주시는 따뜻한 밥을 먹으면서 깨끗한 집에서 불편함 없이 지내왔다. 처음에 나는 그 편함이 익숙해서 당연하다고 생각했지만, 그런 편함은 어머니의 큰 희생의 결과였다는 것을 나중에서야 알게 되었다.

언제인가 아버지께서는 어머니가 가정을 돌봐줬으면 좋겠다고 부탁하셨고, 자신의 일을 하고 싶으셨지만 어머니께서는 다니던 직장을 그만두고 주부라는 직업을 택하게 되셨다. 나와 동생이 태어나면서 어머니께서는 개인적인 시간이 없을 정도로 바쁘게 우리를 돌보셨다. 가족들과 집안일이 걱정되셨는지 그때부터 지금까지 한 번도 지인들과 따로 여행을 가보신 적이 없다. 주변 분들의 여행 이야기를 부러운 듯이 내게 들려주시곤 하시는데 "나중에 우리 딸이 엄마 뉴질랜드로 여행 보내줄 거니까 괜찮아." 하며 웃어넘기시곤 한다.

초등학교 시절, 나는 쑥쑥 자라던 키 때문에 자주 새 옷을 샀지만 어머니는 식장에 입고 갈 정장 한 벌이 전부였고 대부분 이모에게 구해온 옷을 입으셨다. 그렇게 자신의 삶보다 가족들의 삶을 먼저 돌봐주시는 어머니다.

본인이 아무리 피곤하더라도 가장 먼저 일어나서는, "바로 해서 먹는 밥이 맛있다."면서 잡곡밥을 짓고 국과 반찬들을 한껏 차려서 내놓으신다. 그러나 나는 그런 어머니의 밥상을 외면한 적이 많았다. 건강을 위해 화학조미료를 전혀 첨가하지 않은 어머니의 밥상은 싱겁고 입맛을 자극하지 않기 때문이다. 조미료로 감칠맛을 낸 음식에 길들여진 입맛이라, 어머니의 음식에는 손길이 가지 않았고 창피한 이야기지만 반창투정도 많이 했다. 그래서 아침이면 잠을 더 자겠다는 핑계를 대고 아침 일찍 일어나서 따뜻한 밥상을 차려준 어머니께 서운함을 느끼게 해드렸고, 저녁에는 맛있는 요리 해놨다면서 한껏 들뜨신 어머니께 밖에서 먹고 왔다는 핑계로 실망을 안겨드린 적도 한두 번이 아니다. 과제를 하다가 밤을 샐 경우에는 시간에 쫓기는 나를 위해 간단하게 먹을 수 있는 주먹밥과 건강음료를 함께 준비해주고, 음식을 먹을 시간조차 없을 때에는 어미 새가 먹이를 주듯이 옆에서 밥을 먹여주는 섬세한 배려를 지닌 분이다.

그러던 어느 날 나는 어머니께서 혼자 밥을 드시는 모습을 보았다. 문득 '나 혼자 산다.'라는 프로그램에서 다뤘던 내용 중 '누군가와 식사를 함께한다는 건 사랑한다는 뜻이므로 밥을 먹을 때는 사랑하는 사람 곁을 지켜주어야 한다.'는 이야기를 떠올리게 되었다. 사랑하는 어머니가 혼자서 쓸쓸하게 식사하는 모습에 너무 마음이 아팠다. 그동안 얼마나 외롭게 식사를 하셨을지 생각하니 더욱 가슴이 아파왔고 더 이상 상처를 드리지 말아야겠다는 다짐을 했다. 어머니는 나를 위해 많은 노력을 하고 항상 응원해주는 고마운 분이다. 가족들의 행복이 자신의 행복이라고 생각하고 살아온 어머니임을 나는 알고 있다. 철없던 어린 딸이 이제 어머니의 마음을 헤아리려고 한다. 어머니로 인해 지금의 건강한 내가 있는 것이고, 더욱 건강하게 살아갈 수 있도록 지금까지 도움을 받고 있다. 이제부터라도 어머니의 사랑을 당연한 것이 아니라 감사하게 생각할 줄 알고 그 감사함을 표현할 줄 아는 딸이 되어야겠다.

어머니! 고맙습니다. 항상 사랑하고 있습니다.

〈어머니의 희생〉, 594mm×841mm, 정희정 작

38

조 윤 주

고목나무

가끔은 부모님께 나의 마음과는 다르게 짜증도 부리고, 무뚝뚝한 나 자신이 너무도 바보스럽게 느껴질 때가 있다. 1년에 한 번 뿐인 어버이날에 부모님 잔소리 듣는 게 싫어서 투덜거리며 방으로 횅하니 가버린 철없던 나의 모습! 그 때의 화난 내 감정에만 신경쓰다보니 상대방의 마음을 헤아리지 못한 부끄러웠던 행동들이 생각난다. 어렸을 땐 부모님께 감정 표현을 잘한 것 같았는데 어느 순간 크면서 사춘기를 겪고 세월이 지남에 따라 부모님의 그늘에서 벗어나 방황도 하면서 부모님이라는 존재를 소홀히 여기기도 하였다.

그러던 어느 날 문득 길을 걷다가 길 건너편에서 무거운 짐을 들고 횡단보도에 서 계시는 어머니의 모습을 보게 되었는데 무심코 어머니의 뒷모습을 바라보니 '이렇게 왜소하셨었나' 라는 생각이 들었다. 내가 어렸을 적 바라보던 어머니의 모습과는 달라 보였다. 어릴 때 자주 업혔던 넓고 포근했던 어머니의 등이 지금은 왜 이렇게 작아 보일까.

어린 시절 유난히 고집 센 나를 아버지가 야단치실 때마다 항상 든든한 방패막이가 되어 주시던 어머니, 어머니 등 뒤에 서면 이 세상 두려울 게 아무것도 없었는데, 이십사 년이 지난 지금 어머니의 등은 한없이 작게만 느껴진다.

어느 날은 어머니와 장을 보러 간 적이 있었다. 우연히 바라보게 된 어머니의 거친 손과 주름, 어릴 때 어루만져 주었던 보드랍고 따뜻한 온기가 감돌았던 어머니의 손은 마치 나무껍질과도 같게 느껴졌다. 어머니는 장을 본 그 무거운 짐들을 단 한 번도 내게 맡긴 적이 없었다. 내가 든다고 하더라도 절대 그 무거운 짐을 주시는 법이 없었다. 기어코 든다고 그럴 때마다 괜찮다면서

이 정도는 아직 거뜬히 들 수 있다고 말씀하셨던 어머니의 한마디가 지금 다시 생각해보면 왜 이렇게 뭉클한지 모른다.

재수하던 시절, 추운 겨울에 대학입시 실기시험이 있던 날 새벽부터 분주하게 일어나서 준비하고 그 많은 짐을 다 짊어지고 길을 나섰던 모습, 속이 좋지 않았던 나를 위해 약국 문이 열리지 않았는데도 어떻게든 약을 구해왔던 일들이 생각난다. 혹여나 실기 고사장에 들어가기 전에 손이 얼까봐 걱정하면서 내 손을 어머니의 따뜻한 손으로 녹여주던 모습, 실기시험이 끝나기 전까지 5시간 동안 추운 밖에서 기다리면서 기도하고 있을 어머니의 모습이 잊혀지지 않는다.

다른 부모님들과는 달리 운전을 하지 않고 항상 짐을 지고 걸으시던 어머니. 이 세상에서 가장 안전하고 영원히 나를 지켜주고 곁에 있어줄 것만 같았던 어머니, 어느덧 이렇게 세월이 흘러버린 지금 왜소하고 초라해진 어머니의 뒷모습만이 안타깝게만 느껴진다. 어머니는 아직도 이십 대를 넘긴 나에게 차 조심하라는 당부의 말을 잊지 않으신다. 그런 따뜻한 말을 들을 수 있는 나는 참 행복한 사람이다.

하지만 나는 사랑한다는 그 따뜻한 말 한마디조차 한 적이 없다. 이런 나 자신이 자꾸 부끄럽게만 느껴지지만 지금이라도 용기를 내어 그 한마디를 말하고 싶다.

어머니, 아버지 사랑합니다!

〈셀 수 없는 부모님의 사랑〉, 594mm×841mm, 조윤주 작

39

천혜진

한 걸음, 한 걸음씩

"We need loving by our parents." 우리는 부모님의 사랑이 필요하다.

필요하다는 말은 굉장히 직접적인 단어이긴 하지만 여전히 우리 모두는 부모님들의 사랑을 필요로 한다. 어린아이에서부터 60, 70대의 노인까지 부모님이 계시다면 그들 모두 그 사랑을 필요로 할 것이다.

나는 애교가 많은 딸은 아니다. 중학생 때 엄마가 나에게 이런 말을 한 적이 있었다. "다른 집 딸들은 애교가 많다던데 우리 딸은 애교가 없어서 아빠가 안됐어."라고 하셨다. 나는 표현을 잘 못하는 딸이다. 하지만 대부분의 사람들이 그렇지 않은가. 흔히들 편지에는 사랑한다고 수없이 적지만 말로는 표현하지 못하는 딸, 아들일 것이다.

우리 엄마, 아빠의 고향은 경상도이다. 경상도 사람들은 무뚝뚝하다더니 우리 엄마, 아빠 역시도 무뚝뚝한 편이다. 그런 이유에선지 애교 넘치는 가족의 모습이 아닌 것 같다. 지금 생각해보니 어릴 적 엄마는 정말 무서웠다. 무엇 때문이었는지 혼나기도 많이 혼났었던 것 같다. 아빠와 함께 보내는 시간이 아무래도 적다보니 자연스럽게 부녀간의 대화도 많이 없었던 것 같고, 표현 역시도 잘하지 못했던 것 같다. 우리 가족은 항상 각자의 방에 있기 일쑤였다. 가끔은 그러한 우리 집이 답답하게 느껴질 때도 있었다.

고등학생 때 친구를 부러워한 적이 있었다. 가족들 간에 서로 애교 섞인 문자, 전화를 주고받을 때마다 '어떻게 저게 가능하지?' 하면서도 한편으로는 부러웠었다. 그럴 때마다 우리 가족도 저렇게 서로에게 표현을 많이 한다면 얼마나 좋을까하는 생각을 많이 했었다. 왜 '내가 먼저 표현을 해야지'라는 생

〈차곡차곡〉, 594mm×841mm, 천혜진 작

각을 그때는 하지 못했을까? 그러한 나에게도 변화가 생겼다. 한 해가 지나갈 때마다 나는 새로운 해를 맞아 스스로 계획을 세우곤 한다. 그럴 때마다 꼭 적는 것 중 하나가 부모님께 관심 갖기, 좋은 딸이 될 수 있도록 노력하기이다. 매년 지나갈 때마다 느끼지만 제일 실천하기 어려운 계획이 아닌가 생각을 하게 된다. 하지만 계획을 세우면 실천도 하게 되듯이 이제는 아빠와 더 많은 대화를 나누려 노력을 하고, 사진을 찍을 때엔 손을 잡아보기도 한다. 무섭기만 하던 우리 엄마와는 친구처럼 고민상담도 하고 쇼핑도 하며 함께 보내는 시간이 많아졌다.

요즘 들어 엄마, 아빠가 귀엽다고 느껴질 때가 많다. 아빠의 볼록 튀어나온 배는 귀여운 곰돌이의 배 같기도 하고, 항상 나보다 키가 클 것만 같았던 우리 엄마는 어느 순간 작아졌다. 나는 그럴 때마다 새삼 내가 많이 컸구나 하는 생각을 하게 된다. 항상 서른일곱 살일 것만 같았던 우리 엄마의 머리에도 흰머리가 생겼을 때, 동안이라고 생각했던 아빠의 얼굴에 주름살이 생겼을 때, 짠하기도 하고 애틋한 감정이 생기곤 한다. 지금까지 받기만 했던 사랑을 이제는 내가 드려야 할 때가 아닌가 하는 생각을 한다.

"엄마, 아빠 더 예쁘고 사랑스러운 딸이 될게요. 사랑합니다!"

40

최 재 은

나의 등대, 부모님

어느 날, 혼자서 식사하시는 아빠의 뒷모습이 우연히 눈에 들어왔다. 무심코 스쳐가던 모습이 그날은 좀 달라 보였다. 어릴 적 내 기억 속의 아빠는 한없이 무섭고 커다란 호랑이 같은 모습이셨는데 지금은 건강도 좀 약해지시고 예전보다 살도 빠지셨다. 매일 보던 모습이라서 그럴까? 부쩍 나이가 들어버리신 모습을 실감하지 못했다. 무심코 지나가던 일상이 문득 생소하게 느껴질 때가 있는 것처럼 이제야 엄마, 아빠의 나이 드신 모습을 보게 된 것이다. 내가 병원에 입원했을 때 간호해주시고 챙겨주시기에 바빴던 엄마. 엄마는 몸도 좋지 않으셨는데도 불구하고 남몰래 약을 드시며 날 챙겨주시는 모습에 내 자신이 너무 부끄러웠다. 내가 아픈 것만 생각하며 아프다고 투정을 부렸을 때 엄마는 어떤 생각을 하셨을까. 내가 퇴원한 후, 엄마가 더 아파지신 것을 보고 나 스스로 후회가 되었다. 엄마는 힘든 내색을 조금도 안하시고 아픔을 감추시는 모습에 비해 난 너무 생각이 짧았다.

나이도 더 많으시고 체구도 작으신 엄마가 엄마보다 더 크고 어린 나를 지켜주는 것을 아무렇지 않게 일상인 것처럼 엄마, 아빠의 사랑을 받고 지내왔다. 생선을 먹어도 맛있는 부위는 나와 동생 주시느라 바쁘시고 자신은 생선가시 발라 드시는 그런 부모님 밑에서 감사함을 잊고 살아왔던 내 스스로가 절로 고개 숙여진다.

힘들다는 것이 무엇인지도 모른 채 안주하며 살아온 나를 되돌아본다. 그 곁에는 거센 비바람을 묵묵히 막아준 우산 같은 부모님이 계셨다는 것을 이제야 깨닫게 되었고, 나로 인해 힘드셨을 부모님의 자리를 느끼며 반성을 하는 나 자신이 부끄럽게 느껴진다.

'내 할 일 다 하고 효도해야지 싶을 때 부모는 기다려주지 않는다.'라는 말. 이십삼 년 동안 귀하게 키워주신 부모님께 이젠 든든한 버팀목이 되어 드리고 싶다. 육체적, 정신적으로 많이 성장했으니 이젠 부모님을 지켜드릴 것이다. 부모님께는 언제나 어리고 보살펴야 하는 자식이지만 어른스러운 모습으로 부모님께 의지가 되는 든든한 자식이 되어 드리기 위해 더욱 성숙하고 단단해져야겠다고 다짐해 본다.

항상 나와 동생을 지켜주시기만 하시며 우리를 위해 살아오신 부모님께 씩씩하고 든든한 좋은 딸로 부모님의 울타리가 되도록 하는 것이 나의 역할이라고 생각한다. 가족이라는 따뜻한 이름 안에서 나는 더욱 더 성장해야 된다는 책무가 크게 느껴진다.

지금까지 든든하게 옆에 있어주셔서 감사합니다.

그동안 부끄러워 자주 하지 못했던 말, 엄마, 아빠 사랑합니다. 그리고 옆에 있어주셔서 감사합니다.

〈사랑, 愛〉, 841mm×594mm, 최재은 작

41

최 지 은

슈퍼맨

소년의 방에는 슈퍼맨과 배트맨, '맨'으로 끝나는 인형과 로봇들로 가득하다. 항상 그런 장난감들과 놀다 보면 '정말 이 세상에는 슈퍼맨은 없는 것일까?'라는 의문을 품게 되었다. '이런 영웅들이 내 곁에 있으면 무엇이든지 척척 해낼 텐데…….' 소년은 요즘 학교생활에 흥미도 없고 무언가 재미있는 일이 생겼으면 좋겠다는 생각을 한다. 방과 후 재미있게 뛰노는 친구들을 보면 학원을 포기하고 놀고 싶어진다. 소년은 항상 궁금함에 가득 차 있다. '고작 12살인 어린아이인데 왜 이렇게 바쁘고, 돌덩이 같은 학원 책들을 가지고 다녀야 하는 걸까? 나의 인생은 왜 그럴까?'

학원에서 집으로 돌아오며 불평을 하고 있을 때, 갑자기 가방이 가벼워졌다. 뒤를 돌아보니 키가 크고 체격도 다부진 슈퍼맨이 나타나 소년의 가방을 들어주며 환하게 웃어주고 있었다. 소년은 자신에게 영웅이 가까운 곳에 있었다며 기뻐했다. 소년이 학교를 마치고 집에 돌아와 혼자였을 때, 자신의 몸집보다 세 배가 더 큰 슈퍼맨이 나타나서 소년과 함께 재미있게 놀아주고 맛있는 저녁도 대접해 주었다. 소년이 위험에 처할 때마다 어디서든 슈퍼맨이 나타나 소년에게 힘이 되어주곤 하였다. 소년은 너무 행복했다. 그래서 소년은 '슈퍼맨과 함께라면 항상 힘들지 않아.'라고 생각했다. 소년은 항상 같은 꿈을 꾼다. 자신도 슈퍼맨 같은 사람이 되고 싶다고……. 여러 해가 흘러서, 소년은 초등학교를 졸업하고 친구들과 함께 하는 시간이 많아져 슈퍼맨은 필요 없게 되었고, 더 이상 슈퍼맨은 소년의 시야에 보이지 않게 되었다. 하지만 슈퍼맨은 소년을 위해 힘들 때 나타나서 도와주고 홀연히 사라졌다. 스무 살이 되니

전에는 신경 쓰지 않았던 슈퍼맨의 모습이 다시 보이기 시작했다. 다름 아닌 슈퍼맨의 뒷모습이었다. 웬일인지 슈퍼맨은 예전과 다른 모습이었다. 옛날의 그 슈퍼맨이 아니라 체격이 훨씬 더 작아진 모습이었다. 소년은 '왜 이제야 슈퍼맨이 나타난 걸까?'라고 의문을 품게 되었다. 생각해보니 어렸을 때만 소년 곁에 있었던 것이 아니었다. 항상 힘들 때, 슈퍼맨은 소년과 함께였다. 소년은 자신도 모르게 왜소해진 슈퍼맨을 보고 눈물을 흘렸다. 자신이 이렇게 안정적으로 살 수 있었던 것은 슈퍼맨의 도움이 있었기에 가능한 일이었다는 것을 이제야 느끼게 된 것이다. '그동안 나는 내 자신만 생각하고 살았었구나.' 라는 생각에 흐느끼다가 흐르는 눈물을 멈출 수가 없었다.

소년의 뒤에서 지켜준 슈퍼맨은 바로 우리의 아버지였다.

항상 건강하고 나보다 크다고 생각했던 아버지의 등을 본 적이 있나요?

우리는 자신도 모르게 항상 아버지의 보호 아래 안전하고 풍요로운 삶을 살고 있었던 것이다. 당연시 여겼던 따뜻한 삶은 모두 아버지의 품 아래였기 때문에 가능했다는 것을 시간이 지나 비로소 깨달았고 그것을 모르는 사이 아버지에 대한 원망도 있었다. 조금은 무뚝뚝하신 아버지의 사랑이 눈에 보이지 않는다고 그동안 아버지의 사랑을 알지 못했다. 뒤돌아보면 아버지 때문에 지금의 '내'가 존재하는 것인데……. 내가 부모님이 된다면 지금 나의 아버지처럼 훌륭한 부모님이 될 수 있을까? 사회인이 되기 위한 막바지에 다다른 이 시점에 나의 꿈을 위해 그동안 돌보아주신 부모님께 꿈을 이룬 나의 당당하고 멋진 모습을 보여드리고, 어렸을 때부터 힘이 되어준 슈퍼맨인 아버지께 이제라도 내가 아버지의 슈퍼맨이 되어 드려야겠다.

〈슈퍼맨〉, 594mm×841mm, 최지은 작

42

최진욱

엄마의 사랑을 먹고 자랐습니다

올해 내 나이 28세. 내 인생의 터닝포인트turning point.

돌이켜 보니 그동안 세월을 무심히 흘려보냈다고 생각된다. 나는 언제나 모든 일들에 대해 이 핑계, 저 핑계 둘러대며 합리화하기 바빴고, 하고 싶은 것도 없이 제멋에 취해 소중한 시간을 낭비하고 지내온 것 같다. 이제 대학 졸업을 준비하면서 비로소 나 자신을 들여다보고, 돌아보게 되었을 때 가장 먼저 떠오른 사람은 다름 아닌 엄마였다.

나의 단단한 버팀목이었던 엄마.

학창시절 철부지로서 시간을 흘려보낸 뒤에야 알 수 있었다. 비바람이 몰아쳐도, 몸에 상처가 나도, 소리 한 번 내지 못하고 아픈 날에도 묵묵히 자리를 지키는 고목나무 같은 엄마는 그렇게 철없는 나의 곁을 변함없이 지켜주셨다. 사고뭉치인 나를 지켜보는 동안 엄마의 속은 새까맣게 타들어 가셨을지도 모른다. 그걸 알게 될 때쯤엔 이미 난 훌쩍 자라있었고, 엄마는 내 품속으로 한 번에 들어올 만큼 작아져 있었다.

중 · 고등학생 시절부터 대학에 복학하기 전까지 수많은 말썽을 일으켰다. 게임에 빠져 있는 동안 성적이 평균 60점 이상 떨어졌고, 동네 아이들과 싸움을 하기도 했으며, 부모님의 지갑에 손을 대기도 하였다. 잦은 말썽으로 엄마는 내게 쓴소리를 하셨지만 그마저 듣기 싫은 나머지 2주 넘게 가출을 하기도 했다. 심지어 성년이 되기 전 술을 마시다가 경찰서를 가기도 하는 등 나의 청소년기는 반항심과 허영심으로 가득한 채 그저 꿈 없이 하루하루를 보냈었다.

그땐 엄마의 잔소리가 그저 시끄럽다고만 느껴졌고 야단을 쳐도 눈 하나 깜짝하지 않을 만큼 내 스스로가 당당히 커버렸다고 생각했다. 내 눈에 비쳤던 나 자신의 커다란 모습은 나에 대한 자만과 철없는 행동들이 쌓여 만들어 낸 형체 없는 그림자에 불과했던 것인데 말이다. 그렇게 작아진 엄마의 등 뒤로 그동안의 노고와 믿음, 사랑이 담긴 아낌없는 베풂은 내 스물여덟 살의 전환점이 되었다. 전 과목 F 학점을 받았던 내가 복학 후, 장학금을 받고 밤을 지새워 가며 열심히 준비했던 여러 공모전에서 큰 상을 받는 등 누구보다 열정

〈변함없는 사랑〉, 594mm×841mm, 최진욱 작

적인 학생으로 바뀔 수 있는 계기가 되었다.

스물여덟, 결코 적지 않은 나이다. 그럼에도 '어머니' 대신 익숙한 '엄마'라는 말을 포기하지 않고 지금까지 계속 부르는 이유는, 엄마에게 나와의 거리감을 느끼게 하고 싶지 않았기 때문이다. 또한, 누구나 그렇듯이 놀랐거나 아플 때 나도 모르게 "엄마!"라고 외치는데, 엄마라는 단어에는 친근감만이 아닌 위협이 느껴졌을 때 무의식적으로 나를 보호해 줄 수 있는 존재라고 인식하고 있기 때문일 것이다.

엄마라는 울타리 안에서 어린 시절부터 습관적으로 의지해온 행동을 벗어나야 하겠지만, 매 순간 숨을 쉬듯 엄마의 사랑은 그렇게 내 가슴 속에서 끊임없이 살아 있기에 헤어나지 못하는 것인가 보다.

가장으로서의 중요한 책임을 져주시는 아빠의 큰 사랑도 있지만, 아프고 탈많던 나의 청춘에 둘러싸인 장애물들을 뛰어넘지 못할 때 포기하지 않고 친구처럼, 때로는 쉼터처럼 보듬어주신 엄마에게 진심으로 감사드린다.

유아기 때는 엄마의 사랑을 체온으로 느꼈고, 청소년 시절에는 엄마의 사랑을 말로 느꼈다. 지금 청년기에는 뜨거운 가슴으로 느끼고 있다.

이 뜨거운 가슴 속 속삭임을 큰소리로 외치고 싶다.
"엄마, 사랑합니다."

43

한 석 주

자신감을 가지고 당당하게

고향인 전라남도 광양에서 이제 내 대학생활을 마무리하려는 경기도 용인의 강남대학교까지 집에서 멀리 떨어져 생활한지도 벌써 4년이 되었다. 정확히 말하면 예술고등학교 생활까지 7년 째가 된다. 이제 사회에 첫 발걸음을 내딛기 바로 직전이다. 정말 아직도 실감이 나질 않는다. 시간이 어떻게 이렇게 빨리 지나갔는지 모르겠다.

되짚어 보면, 중학교 이후 예술고등학교 진학으로 인해 가족과 떨어져서 지금까지 살고 있는데, 내가 미술 공부를 하고 싶어서 부모님께 내 진로에 대한 의견을 말씀드렸을 때, 흔쾌히 허락해 주셨을 때는 정말 너무나도 기뻤고 즐거웠다. 내가 하고 싶은 미술을 마음껏 할 수 있는 학교라니! 정말 좋지 않을 수가 없었다.

3년 동안 열심히 배우면서 매번 즐거웠다고는 말할 수는 없지만 그래도 정말 만족스러운 3년이었다. 고등학교를 진학해 처음 자취를 시작할 때는 모든 것이 신기하고 즐겁고 내 마음대로 할 수 있다는 점이 매우 좋게 느껴졌었다. 하지만 그 생각도 얼마 가지 않았다.

입시 미술을 하는 내내 가족이 왜 곁에 있어야 하는지, 왜 함께 살아가야 하는지 정말 확실히 느낄 수 있었던 고등학교 생활이었다. 공부도 잘하지 못하고 부모님의 기대만큼 항상 보여드리지 못해서 늘 죄송할 따름이었다.

고등학교 졸업을 하고 강남대학교에 입학한 후 1학년을 다니며 재수를 할까 고민도 많이 했었다. 당시에는 부모님 기대에 미치지 못했다는 생각과 함께 나 스스로도 만족하지 않는 학교에 입학했다고 생각했으니 학교 다니는 것도 당연히 만족할 수 없는 철없는 나이였던 것 같다. 하지만 군에 입대하면서 생각이 많이 바뀌게 되었다. 아버지, 어머니는 나를 청소년기부터 믿고 돌보아 주신 유일한 분들이라는 생각이 자꾸 맴돌았고, 어디서든 내가 열심히 하면 부가적인 것들은 자연스레 따라줄 것이라고 생각하게 되었다. 원래 내 꿈은 건축디자이너나 실내 인테리어 디자이너가 꿈이었다. 항상 어려서부터 내 손으로 직접 디자인한 집을 부모님께 선물해 드리는 것이 꿈이었다. 지금도 물론 마찬가지다.

지금은 건축이나 인테리어디자인 전공이 아니지만 사회생활을 하면서 미래의 꿈을 실현하고자 마음먹고 있다.

부모님께선 내가 집에 갈 때마다 항상 하시는 말씀이 있다. "항상 자신감을 가져라.", "자신이 불리하다고 해서 위축되지 말고 항상 자신감을 가지고, 당당하게 살아가라."라고 하셨다. 아직은 확실하게 잘 이해가 되지 않는 부분도 있지만 내가 나이를 한 해, 두 해 헛되이 보내지 않는다면 어떤 의미인지 이해할 것이라고 생각한다. 이제 사회로 나가니 이 말씀의 의미를 한 자 한 자씩 이해하고 실천해야겠다. 항상 곁에서 응원해 주시는 부모님 뜻에 따라 최선을 다해 열심히 살아가야겠다는 굳은 의지를 언제나 잊지 말아야겠다고 다짐하고 또 다짐한다.

고맙습니다, 그리고 사랑합니다. 부모님.

〈자신감을 가지고 당당하게〉, 594mm×841mm, 한석주 작 ▶

강남대학교 시각디자인전공
제20회 졸업작품전
항상
자신감을 가지고
당당하게 살아가라
1989.10.12
Draw Your Mind
DESIGN CREATIVE
With My Parents
*From My Parents
"항상 자신감을 가져라.", "자신이 불리하다고해서 위축되지 말고 항상 자신감을 가지고, 당당하게 살아가라."
*Thank you, Love you
어머니, 아버지
사랑합니다.

44

홍 희 표

산골에 있는 나를 찾아온 상자

2009년 10월 23일 강원도 인제 산골 부대로 커다란 상자 하나가 내 이름 석 자 '홍희표'를 매달고 도착했다. 상자 뚜껑에는 낯익은 주소가 적혀있었다. '충남 홍성군 홍성읍 옥암리' 그리고 '홍순형'이라고 적힌 아버지 성함이었다.

10월 23일은 내 생일이었고, 소포를 열던 당시 내 주변엔 군인들로 벽을 이루었다. 소포 안에는 내가 생각했던 과자, 라면, 말린 과일 등으로 예상하였지만 나의 예상은 빗나갔다. 상자 제일 위에는 상자 크기에 맞게 오린 커다란 종이와 그 위에 아버지가 검정색 볼펜으로 쓴 편지가 있었다. 난생 처음 받아보는 종류의 편지였다. 주변의 군인들은 나에게 부러움에 한마디씩 건네고 각자의 관물대 앞으로 돌아갔다.

지금으로부터 약 5년 전, 아버지가 아니었다면 나는 편지를 받아보지 못했을 것이다. 아버지는 나에게 생명을 주셨고 그 생명을 지켜주신 분이다.

대학교 신입생 때 학교 신문부에서 교육을 받았다. 유난히 '정의' 라는 단어가 내 피를 끓게 했다. 그런 내가 군대에 입대했다. 군대는 '정의' 라는 단어와 멀어 보였다. 병영생활에는 온갖 이해할 수 없는 내무 부조리가 존재했다. 나는 내 세대에서 이러한 부조리가 없어지길 원했다.

부대배치 한 달 후 나는 연대에서 주최하는 '이등병 집체 교육'에 동기들과 함께 참여했다. 그리고 마지막 날 이등병 모두에게 마음의 편지를 받게 되었다. 나는 '마음의 편지' 안에 부조리에 관한 모든 내용을 상세히 써내려갔다.

그리고 나의 결단의 모든 무게는 내 육체와 정신으로 받게 되었다. 나는 함께 사는 중대 100명에게 미움을 받게 되었다. 나의 편지로 인해 헌병, 육본에서 선임들을 조사하기 시작했다. 밤마다 분대 선임들은 조서를 쓰게 되었고, 최근 훈련을 통해 받은 포상휴가도 나의 결단으로 인하여 무효처리가 되었다. 오히려 선임들 모두가 영창에 가게 생겨버렸다. 그리고 이 여파는 대대 전체적으로 퍼져나갔다. 나는 전우들과 함께 있어도 함께 하는 게 아니었다.

밥을 먹어도 혼자 먹는 것 같았다. 밤마다 침낭에서 눈물로 잠을 청했다. 분대 모두가 나를 외면했다.

그러나 이렇게 견디기 어려운 시간에 나에게도 함께 할 수 있는 분이 계셨다. 아버지였다. 밤마다 아버지와 짧은 대화를 나누었다. 아버지에게 모든 사실을 말씀 드릴 수는 없었지만 아버지는 모든 것을 알고 계신다는 듯 이런 이야기를 해주셨다. “군대는 원래 그런 거다.” 짧은 말이었지만 이해할 수 있었다. 부대에서 한 달간 힘든 시간을 지낸 뒤 선임병들 모두에게 폐를 끼친 것에 대해 깊은 사과를 전했다.

‘사랑은 모든 것을 참으며 모든 것을 믿으며 모든 것을 바라며 모든 것을 견디느니라.’

성경의 고린도전서 13장 7절에는 사랑에 대한 정의가 기록되어 있다. 이와 같이 아버지는 나를 사랑하셔서 나의 모든 것을 참으셨고 믿으셨고, 모든 것을 견뎌 내셨다. 나 또한 아버지와의 대화를 통해 아버지의 그 사랑을 깨닫게 되어, 모든 것을 참고 믿고 바라며 견뎌 낼 수 있었다.

학창시절에는 무뚝뚝한 아버지를 이해 할 수 없었다. ‘정말 나를 사랑하시기는 할까?’라고 생각 할 때가 많았다. 그러나 병영복무 기간 중 아버지의 사랑 표현 방법을 알게 되었다. 추운 겨울 아버지는 편지를 자주 보내주셨다. 아버지는 그 사랑을 직접 표현하지는 않았지만 나의 생활 모든 것에 아버지 없이는 할 수 없는 것들이 너무 많았다. 아버지는 그렇게 보이지 않게 언제나 내 옆에 계셨다.

아버지 사랑합니다.

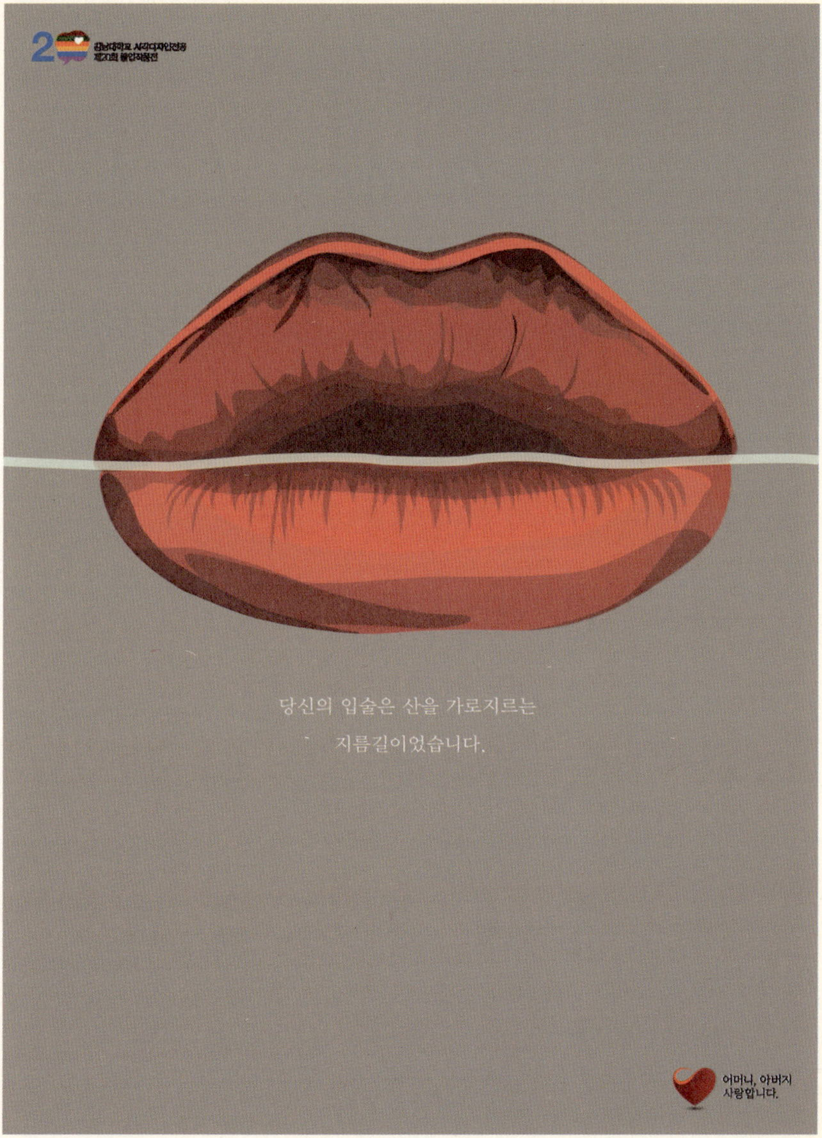

〈부모님의 입술은 인생의 지름길〉, 594mm×841mm, 홍희표 작

【갑골문과 금문】

人 사람 인

間 사이 간

父 아비 부

母 어미 모

教 가르칠 교

育 기를 육

孝 효도 효

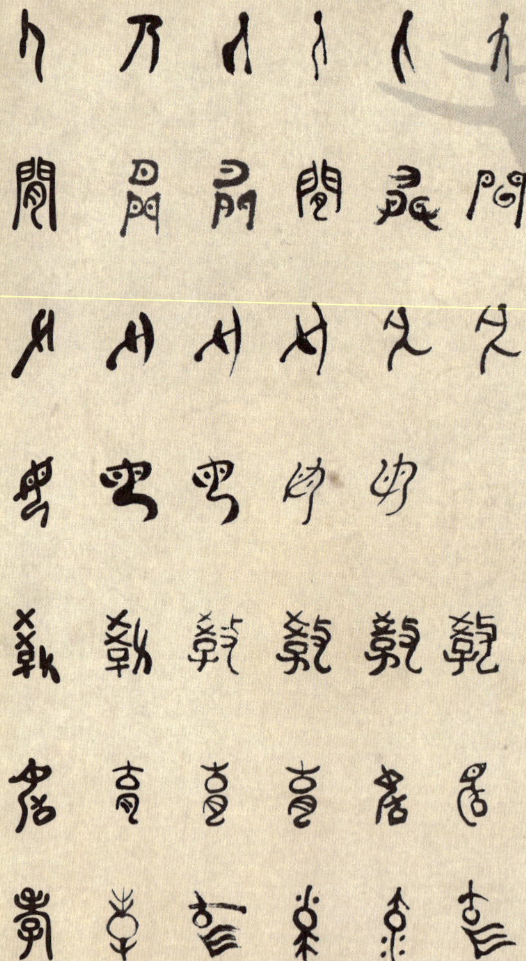

子
아들 자

恩
은혜 은

惠
은혜 혜

獻
바칠 헌

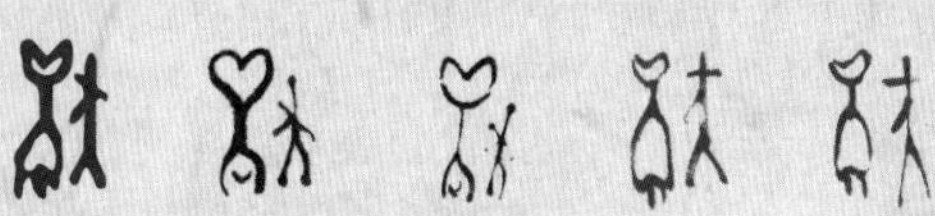

身
몸 신

愛
사랑 애

제작과정

'어머니, 아버지 사랑합니다.'를 출간하기까지

2013. 04. 03
성남고령친화종합체험관 방문
전시체험과 생애체험을 통한 고령자 경험과
유니버설디자인 이해를 도모

2013. 05. 08
어버이날, 부모님의 사랑에 감사드리며 평소
표현하지 못했던 마음을 담아 편지 작성

2013. 06. 13
졸업테마 선정을 위한 전체회의
우리 사회에서 가장 중요하고 필요하지만 가장 인식하지
못하고 있는 부모님에 관한 테마주제 선정
졸업테마 '어머니, 아버지 사랑합니다.'

2013. 06. 14
지도교수와 각 팀장 회의 (테마 논의 및 방향)
지금까지 부모님에 관해 느끼고 겪었던 경험을 토대로
졸업테마인 '어머니, 아버지 사랑합니다.'를
단행본으로 출간하자고 논의

2013. 06. 19 ~ 2013. 06. 26
단행본 참여 희망자 모집
단행본 참여인원은 부모님에 관한
자신의 이야기 집필과 테마포스터 제작

2013. 06. 21
강남대학교 교수학습지원센터에서 글쓰기 지도교실을
열어 단행본 제작에 도움을 주는 것으로 확정
1:1개인 상담을 통한 글쓰기 문제 해결 및 전문화 된
글쓰기 능력 함양

2013. 07. 01
단행본 집필을 위한 전체 회의
단행본 집필을 위해 부모님에 관한 영상 감상 및
지도교수의 설명 후 제작 시작

2013. 07. 26
단행본 집필을 위한 팀장회의
단행본 참여인원 진행상황 점검 및 독려

2013. 07. 31 ~ 2013. 08. 06
각자의 글을 지도교수와 개인 컨펌 후
수정사항 및 내용추가보완 등을 통해 완성도 향상

2013. 08. 07
44명 학생 전원 최종원고 제출 완료
개인별 테마포스터 아이디어 구상

2013. 08. 08
단행본 테마포스터 브레인스토밍 전체회의
자신이 글을 쓰며 느낀 것을 아이디어로 표현

2013. 08. 20
단행본 테마포스터 전체회의 및 지도교수의 컨펌
유니버설디자인센터에서
최현규 선생님과 단행본팀 디자인 회의

2013. 08. 21
단행본 디자인 회의를 토대로
단행본팀은 표지 및 내지디자인 작업 시작

2013. 08. 22
단행본 테마포스터 작업을 위한 1차 모임
학생들 간의 아이디어 공유와 지도교수의 컨펌을 통한
완성도 향상 및 추가 보완사항 발전

2013. 08. 24
단행본 테마포스터 작업을 위한 2차 모임
학생들 간의 아이디어 공유와 지도교수의 컨펌을 통한
완성도 향상 및 추가 보완사항 발전

2013. 08. 30
최현규 선생님과 단행본팀 디자인 회의 및
디자인 작업 진행

2013. 09. 01 ~ 2013. 09. 11
단행본 시안 수정 및 보완 작업

2013. 10. 10
'어머니, 아버지 사랑합니다.'
초판 발행

어머니, 아버지 사랑합니다.

초판 1쇄 인쇄/2013년 10월 01일
초판 1쇄 발행/2013년 10월 10일

지은이 고희정, 권혁춘, 김나은, 김동영, 김사름, 김석규
김자연, 김정진, 김정호, 김지은, 김지현, 나영주
문보라, 박미진, 박세리, 박소영, 박진원, 박찬희
서명덕, 신소정, 신예슬, 안원욱, 안현경, 안현주
양재용, 오소이, 윤희영, 이기림, 이다혜, 이자람
이혜민, 전계영, 정연정, 정윤주, 정인원, 정회란
정희정, 조윤주, 천혜진, 최재은, 최지은, 최진욱
한석주, 홍희표

지도교수 최호천

진행·편집 최현규

디자인 양재용, 이혜민, 고희정, 박찬희, 정연정, 윤희영

발행처 형설출판사
서울시 종로구 효자로 7길 25 · 전화 (02)738-6051~4 · 팩시밀리 (02)736-7134
대구광역시 북구 노원로 1길 56 · 전화 (053)425-2811~4 · 팩시밀리 (053)425-7315

발행인 장지익

등록 라-제9호 · 1962년 5월 1일

홈페이지 http://www.hyungseul.co.kr

e-mail hs@hyungseul.co.kr

정가 18,000원

ISBN 978-89-472-7424-1(93800)

이 도서의 국립중앙도서관 출판시도서목록(CIP)은 서지정보유통지원시스템 홈페이지(http://seoji.nl.go.kr)와 국가자료공동목록시스템(http://www.nl.go.kr/kolisnet)에서 이용하실 수 있습니다.(CIP제어번호 : CIP2013018919)

어머니, 아버지 사랑합니다.

I LOVE KANGNAM UNIVERSITY KNU